保育士のための
書き方講座

今井 和子 著

全国社会福祉協議会

はじめに

　2011年から5年間、『保育の友』で「保育士のための書き方講座」「続・保育士のための書き方講座」を連載していただき、まとめたものが1冊になりました。

　保育は楽しいのだけれど書くことだけは苦手と思っている人、日誌や連絡帳を書く時間がなく、毎日あわてて書き、これでいいはずがないと悩んでいる人、多々ある書類をどう書きわけていくのかわからなくて困っている人、どうしたら保育に生かせる記録が書けるようになるか？　など書くことの悩みは尽きません。それらの疑問や悩みに少しでも応えられないだろうかと、毎月の原稿締め切りに追われながらも何とか書き続けた5年間でした。

　さて、子どもたちの安心のよりどころであってほしい家庭環境に目を向けてみますと、長引く不況、貧困、長時間労働、メディア漬けの生活などから、親子の触れ合いや会話が極めて少なくなり、子どもたちの育ちに歪みが生じています。今保育が本当にむずかしくなっているのではないでしょうか。さらに、どこの園でも職員会議の時間をいつどうとるか？　職員同士の相互理解をどう進めていくか？　厳しい状況のなかで多くの悩みをかかえながら保育が行われているように思います。そんなときだからこそ、私は「書くこと」が求められるのだと思います。子どもたちの育ちの確かさ、子ども発見の喜び、思うようにならない保育の悩み、葛藤、疑問などを記録し、読み合い、喜びや苦労を分かち合いながら職員が連帯していく、その力になれるのが記録だと思っています。「これこそ伝えたい」というメッセージがあってこそ、人の心に届きます。"伝わる心"が"つながる力"になっていくからです。それがやがて園のチーム力に育っていくのだと思います。

　ひとりで悩むのではなく、またクラスだけで喜びを分かち合うのではなく、職員のみんなに書いて伝え合いましょう。たとえば、こんなことを考えて欲しいというメッセージがあったら、職員の集まる休憩室や職員室に壁新聞のように掲示し、読み合うようにしましょう。そこで何かいいアイデアがあったら一言メッセージを書いておきましょう。

　「伝わる心がつながる力」です。「園のチーム力」はお互いのできないことをカバーし合い、支え合ってこそ育っていきます。そのためにも日常の保育を文章化し、職員で共有し合うことが求められます。そういう意味で、記録は仲間をつなぐ、いわば"橋"の役割を担うようになります。書かれたものをどう生かし職員みんなとつなげていくか、その具体的な手だてについても述べてきました。

　さらに本書には、園で書くべき必要な記録・日誌・連絡帳・児童票・クラス便り・お便りボード・保育所児童保育要録・エピソード記録・実践記録など、それらを書く意味、書き方、生かし方について述べています。今、あなたが必要とするページから読んでいただくことも可能です。

2016年7月　今井和子

もくじ

はじめに……3
もくじ………4

第1章 なぜ書くのか

1. 何のために書くのか？……8
2. 記録の書き方の基本 ……10
3. 保育記録の書き方をあらためて考える ……13
4. 具体的な事実を積み重ねて書く ……14
5. 「子どもの姿を保育者はどう観てかかわったか？」
　　を記述する ……17
6. 評価を書く ……19

第2章 日誌の書き方　その実際

1. 3歳未満児の日誌 ……26
2. 3歳以上児の日誌 ……35
3. 異年齢クラスの日誌 ……44
4. 記録の点検と指導 ……48
5. 日誌を園内研修に生かす ……56

第3章 園と家庭をつなぐ記録

1. 保護者と心が通い合う連絡帳の書き方 ……66
2. 保護者に毎日の保育を伝える「お便りボード」……72
3. 読みたくなるようなクラス便り ……77

第4章 児童票・保育所児童保育要録の書き方

1. 児童票における経過記録の書き方 ……………………84
2. 「保育所児童保育要録」の書き方 ……………………94

第5章 実践記録を書き、実践研究に取り組む

1. 実践記録の書き方と実践研究の進め方 ……………100
2. 実践記録の実際〜 3歳未満児〜 ……………………108
3. エピソードを書き、チームワークを高める ………114
4. 自分の保育課題を追究する ……………………119
5. 「子ども性とは何か?」を追究し、記述する ………129

※本文中の名前はすべて仮名です。

おわりに……140

第1章

なぜ書くのか？

第1章-1 何のために書くのか？

書くことは、よく観ることのトレーニング

　日ごろたくさんの仕事をかかえ、休憩時間も十分とれないなかで「一体何のために日誌を書くのかしら」「毎日同じようなことの繰り返しで、何を書いたらいいのかわからない」「保育のようすを書くだけで精一杯なのに、自己評価まで書かなければならなくなり、ますます書くのが苦痛になってきた……」など、記録を書くことへの悩みや疑問は絶えません。

　しかもどんなに忙しくても職務である日誌や児童票などは書かないわけにはいきません。私は、保育園の現場から離れて20年以上たつのですが、未だに「たいへん、監査があるのにまだ記録が書けてない」という夢で目覚めることがあります。記録をためてしまうことのやるせなさ、じつにつらいものです。

　これらの悩みを解消していくには、まずは書くことの意義を理解すること、すなわち「書くことはよく観ることのトレーニング」です。よく観ていると発見や疑問がわいてきて、それを書かずにはいられない気持ちが生じてきます。そういう意味で、書くことは子どもの事実を見いだし、適切な援助につなげていく作業と考えられます。

デジタル時代だからこそ求められる、書く力

　私たちの日常では、キーボードで文章やメールを打つことが多くなってきました。また、情報はいつでもインターネットで入手できます。"もう、手で書く作業は必要ない"と思うかたもいるかもしれません。果たしてそうでしょうか？　私は、インターネットの普及により、文章力の必要性はますます大きくなったと考えています。なぜならば、ホームページやブログなどによる情報の発信や、わからないことを掲示板で質問するといった、インターネットの機能を生かした利用は、文章でわかりやすく伝えたり表現することが必須だからです。

　本来、書くことは「大事な出来事を忘れないよう脳にしっかり記憶すること。自分で書いておかねばと思った心の動き（感動）を保存しておく作業」です。

　忙しいと、どうしても自分の心の内側からの声を聴き逃してしまいます。「面白い！」と感じたこと、「そうだったのか！」と発見したこと、「なぜ？」と疑問に思ったことなど、音声になら

ない心の声や動きを書くことで保存することができます。自分が感動し、驚き、悔やんだりしたことを文章にしてこそ、読み手の心を動かすものです。

それを習慣化していくためには、日常的にメモをとることが意味をもちます。

効率的に書くには？
～メモの重要性～

日誌をゆっくり書く時間もままならない日々の生活の中で、いかに効率よく書くかは切実な課題です。保育を漠然と見ていては、書きたくなるようなことがらはなかなか見つかりません。そこで、保育しながら何らかの気づきや発見があったこと、"はっ"としたこと、"なぜ？"と思ったことをメモにとることをお勧めします。日ごろの生活の中でも、忘れてはいけないと思うとすぐメモをとります。先にも述べたとおり「書くことは、感動の保存」ですから、保育しながら感じたことを書き残しておきます。ただし、メモをとるときは素早く、子どもたちに何を書いているか悟られないようにしたいですね。

いざ日誌を書くときになって「さて、何を書こうか？」と考えるのでなく、保育しながらあらかじめ心動かされた書くべき必要なことがらを決めておきます。そうすれば悩まず、すぐに書き始めることができます。一方、書きたいことが山ほどあって、つい書くのに時間がかかってしまうという場合もあります。そのようなときは、「今日の保育で一番書きたいところ、書くべき必

要なことがらは何か」を選択し、視点を絞って書くことをお勧めします。

自分のなかに
「もうひとりの自分」を育てる

かつて私は、書くことは、他者に自分の思いや考えを伝えることだと思っていました。けれども保育者として日誌などを書き続けているうちに、じつは「自分のなかの自分に話しているのだ」という気づき、発見がありました。つまり、他人に理解してもらう以前に、書くことによって何にこだわっているのか、不明瞭だったことが明らかになったり、何を追究したかったのかが整理されていくなど、**自分で自分を理解する営みであること**がわかったのです。そこで初めて他者に自分の考えを伝えることができるのだと理解しました。

23年間、書いては読み直し、『ここはわかりにくい』『もっと別の観方はできなかったか』など、自分に語りかける（客観視する）ことで、もうひとりの自分を育むことができたのではないかと思っています。

記録は仲間をつなぎ、
園全体の保育力をアップさせる

記録をとること、すなわち文章化することは、自分の考えをほかの人と共有化しやすくすること、経験を伝え合うことです。文章化し、他者にわかってもらってこそ発展があります。書き

第1章　なぜ書くのか？　9

手にとっては、自分をさらけ出す勇気のいることですが、他人の目を通して自分を見つめなおす機会でもあります。さらに記録という動かしがたい事実を通して、ほかの人もひとりの保育者の学びを間接的に経験することになります。

　保育は各クラス単位だけで展開されるものではありません。毎日の早朝保育や延長保育、それでなくてもクラスの枠を超えた交わりも多々あります。「自分のクラスの子どもしかわかりません」といったクラス主義から脱して、すべての職員が園のどの子どもについても理解が広がり、保育の日常をみんなで共有し合うことが、職員間のチームワークを育む要件です。園内研修（保育カンファレンス）や職員会議などで各クラスの課題を出し合い、保育内容に関する認識を深めていくためにも、もろもろの記録はその基礎データになります。

第1章-2 記録の書き方の基本

伝えたいことを絞って書く

　文章を書く作業の出発点は、書く側のメッセージです。**何を伝えたいか、ぜひ書いておきたいことは何かをはっきりつかんで書くこと**です。それを明確にしてから書き始めます。かつては時間の経過に沿って、何をしたかという活動の羅列だったり、子どもたちの姿だけしか書いていない記録も多かったようです。

　とくに**日誌は、保育の経過報告ではありません**。その日に起こったさまざまな出来事の中から、心に強く残ったこと、言い換えれば残しておきたいエピソードを書いていくことでもあります。何を書きたかったのか、保育者の書きたい思いが伝わってこない日誌ほど、読んでいてつまらないものはありません。『これこそ書きたい、伝えたい』というメッセージがあってこそ、人に届く力のある文章になります。

わかりやすく簡潔に書く

　わかりやすいことが文章の基本です。そのためには5W1Hを意識してください。Who（誰が）、When（いつ）、Where（どこで）、What（何を）、Why（なぜ）、How（どうした）です。とくにWhyは重要です。「Aちゃんは今なぜ乱暴したのか」などと考えることに

よって子どもの内面（心の声）を聴き、理解できるようになるからです。

　上手な文章ではなく、子どもやその日の保育をどう見るか？　書き手の見方、感じ方が意味をもちます。

　それから、文章の構成はなるべく3分節にすることを少し意識して書きましょう。序論（子どもの姿を具体的に）、本論（保育士の見方・かかわり・保育の営み）、結論（考察、評価）です。

　たとえば、「3」という数は、3原色、天地人など、生活の基本原則を示すものであり、また文学の形式としても、五七五（俳句）、昔話や絵本に出てくる繰り返しも3回で成り立っているなど、必要にしてわかりやすい条件として考えられているからです。

　ニュートンが、「リンゴは木から落ちるのに月はなぜ落ちてこないのか」という疑問をもったことから、万有引力を発見した話はあまりにも有名です。書くことも常に「なぜ？」という疑問を追究することから始まるのだと思っています。その意味で「書くことは考えること」、今を生きる人間として最も必要な力といえるのではないでしょうか。

正確な記述

　正確に見ることをおろそかにして、正確な文章が書けるはずはありません。事実をありのまま的確に見るためには、以下の点を確認することが大事です。

1．先入観にとらわれていないか？

　人間は、本能的に自分のもっているイメージに合わせて対象を見ようとする傾向があります。自分のイメージに合わないと無視してしまったり、切り捨てたりしがちです。たとえば、子どもたちに「運動会にどんなことをしたい？」と話しているとき、自分の思っていることと同じような発言をしてくれる子に真っ先に注目してしまいがちです。心を白紙にして常にありのままの姿、自分とは違う感じ方をしている子どもにも注目するなど、先入観にとらわれない見方をする訓練を心がけなければなりません。

2．思い込みや固定観念で見ていないか？

　たとえば、よく友だちに乱暴する子がいると「またやったの？　しょうがない子ね」などと決めつけてしまい、「なぜ乱暴したのか？」その行為の意味、すなわち心の理由を考えようともせずに「困った子」と決めつけてしまうことはないでしょうか。

3．偏見はないか？

　自分のもっている知識や情報と異なるものは間違いと決めつけてしまう、一方的な見方をしていないか？　などと、考えてみる必要があります。

　たとえば生後3～4か月頃の乳児が、手の動きが活発になり、すると指吸いを始めるようになります。「何か欲求不満があるのかしら……？」と心配し、さかんに指を口から出そうとする人が

います。触覚の発達を促す指しゃぶりは、この時期の乳児には必要なことなのです。ところが、指しゃぶり＝欲求不満という偏見をもってしまうと、どうしても指しゃぶりを認められなくなります。また、「○○ちゃんが取ってしまう」と思い込んでいると、奪い合いがあったとき、つい状況をよく見ていないのに「また、○○ちゃんが取ったの？」などと決めてかかってしまいます。

偏見や先入観にとらわれると間違いをおかしやすいことを肝に銘じておかなければなりません。

日誌が思うように
書けず悩んでいるかたへ

日々の仕事に追われ疲れ果て、何を書いたらいいものか思い出すこともできず悩むことがあります。そんなときは次の３つのことを思い出し、日誌に向かってみてください。

＜その１＞

思い出せる保育の一場面、ふと気になったこと、書いてみようと思ったことをすべて箇条書きにします。すべて書き出すことで頭の中にある漠然としたことが明確になります。そして必要性の高いものを選び出して書いていきます。

＜その２＞

日ごろ書くことが少ない領域を思い出し、そこに注目して書いてみましょう。幼児の日誌は、どうしても活動を書くことがメインになります。そこで、いつも書くことが少ない生活習慣のようすを指導計画（週案）と照らし合わせながら書いてみましょう。

（例）週案では睡眠時の配慮事項に「子守歌などを歌い、気持ちよく眠れるようにする」と記述されていたがすっかり忘れていた。また、目覚めの悪い子は、起きる時間の10分ぐらい前に音楽をかけて心地よい目覚めに誘うとあったが、それも実践できていなかった、などの気づきを日誌に書くのも一案です。

＜その３＞

日誌の枠内に、何とか文章で埋めなければと無理して書くのはやめましょう。きょうはなぜ書くことが見つからなかったのか？　書けない原因をつかめば明日からの見方が違ってくるはずです。

たとえば、行事の係りのことが気になり、そのことばかり考えてしまい保育をよく見ていなかったなど……書けないときは、空白の部分が多くなることが、ありのままの日誌になります。それが毎日続くようでは、保育に対する姿勢が問われることになりますが、そこからもう一度、自分の保育の姿勢をとらえなおしてみることも大切です。

第1章-3 保育記録の書き方をあらためて考える

　各地で記録や評価についての研修を重ねてきました。保育者の皆さんからは、「記録の重要性は理解したが、とにかく忙しくて書く時間がとれない」「ヒヤリハット、健康記録、保育所児童保育要録（以下、保育要録）など、書かなければならない記録が増えてきて、内容よりも提出できればよいという状態」「書くべきポイントを絞り、その日の子どもの姿を具体的に書くようにしているが、日誌のスペースが狭く、枠からはみ出してしまう。簡潔に書くのがむずかしい」といった声をよく聞くようになりました。一方「園内研修で『保育の友』の連載内容を基に学んできたことで、確かに記録が変わった」という声も聞きます。

　そこで再度、効率的な書き方、および簡潔に書くにはどうすればよいかを考えてみました。

短い時間に効率的に書くには……

　皆さんは日々保育をしながら、「今日は子どもたち、よくあそんでいるな」「楽しそう」などと漠然と見ているということはありませんか。それとも「あっ、そうだったのか。今日はぜひこの発見を書こう」「○○ちゃんはどうして急にお友だちにかみついちゃったのかな？　どうもよくわからない。日誌を書きながらその理由を考えてみよう」「△△ちゃんは昨日までは、友だちのあそびを見ているだけだったのに、今日は初めて自分からあそびに入っていけた。ぜひ、この育ちの変化を個人日誌や連絡帳に書いておこう」などと心を動かしながら見ていますか？

　保育をしながら「このことを書きたい」と思う視点や意欲があってこそ、読み手に伝わるものになります。そのうえで、書くべき必要なことを保育をしながらおおかた決めておけば、書く時間がきたらすぐに書き始めることができます。ところが、何を書くかまったく考えていないと、書くときになって「さて何を書いたらよいものか？」とその日のことを思い出しながら悩むことになります。ほかの保育者に「○○ちゃんのこと何かあったかしら？」などと話しだし、なかなか書きだせないということはないでしょうか？

　書く時間がないという悩みはわかりますが、書けない理由は必ずしも時間の問題だけではないはずです。「書くことはよく観ることのトレーニング」です。よく観ていれば書きたいことが生まれてきて、"早く書いておきたい"

第1章　なぜ書くのか？　13

という気持ちになります。保育をしながら書くべき必要なことをしっかりつかんでおく、それが効率的で、読み手の心に届くメッセージ性のある記録になることはいうまでもありません。

第1章-4 具体的な事実を積み重ねて書く

　保育者が書く記録は、「具体性」が命です。積み木は、一つひとつが確かな形になっているからこそ、高く積みあげることができます。文章も正確な事実を積み重ねれば、読む人に説得力のある、「見える記録」になります。

　具体的な事実を書けるようになるには、まず見る目を養い、ささいなことを見逃さないことです。だからといって、保育展開のすべてをしっかり書くなど到底できません。書くスペースには限りもあります。

　そこで、(1)保育者が注目したことがら（自分の課題意識や関心ごと）にスポットを当ててみる(2)スポットの当たった場面や状況をしっかり見つめる、そうして見たままを正確に書きます。

　繰り返しますが、具体的に書くには、どこに視点を絞ってズーム描写をしているか？　すなわち何を観ようとしているのか？　と、書き手の意図が伝わることが重要です。そうすることで保育に携わらなかった人にも、共に見つめる姿勢が生まれ、思いやイメージを共有できる臨場感のある表現になります。

　15頁の〔事例1-4-1〕のように具体的に書くことは、保育者の「観る力」を鍛え、判断力を養うことにも役立ちます。そして「観る力」が鍛えられると説得力のある文章になります。ささいな事象を見逃さない書き手のまなざしが、"その人・その子"を心にとどめ、それによって読む側にも想いが伝わり、「その子を物語る力」になっていくのだと思います。

　16頁の〔事例1-4-2〕では、日誌などによく見られる具体的でない、抽象的な書き方の例をあげています。より具体的な記録にするために、どう改善すればよいか、考えてみてください。

〔事例 1-4-1〕「具体的なエピソード記録」より

　　さと君（2歳半）は、トイレに行く際、保育者に「さとくん、パパみたいにおしっこするんだあ」というと、便器の前でひざだけちょこっと曲げ、上のほうを見上げ、すましておしっこするのでした。
　　終わったあとはいつも「出たよっ」と保育者に飛びついてくる彼が、そのまま出ていこうとしたので「あっ、お父さん手を洗ってください」というと、「忘れてた」といわんばかりに水道に戻り、蛇口の下で指先だけちょこっと洗うので笑ってしまいました。「お父さん」と呼ばれたからなのでしょう。手の洗い方までいつもと違います。そのさと君が、3、4日たつと「おれみたいにおしっこするんだからな」と威張って便器の前に立つようになりました。どこかで見た強いお兄さんをイメージしているのでしょうか？　それとも彼の理想とする強くなりたい自分を誇示する姿だったのでしょうか？　遠くに向かっておしっこしている姿が印象的でした。
　　日常の何気ない生活、おしっこの仕方にも子どもたちの願いが表れています。「行動は、子どもの心の表現」。子どもたちの行為を読み取る楽しさを保護者にも伝え、共有していきたいと思いました。

〔事例1-4-2〕日誌などによく書かれている具体的でない概括的、抽象的な書き方例

・戸外では好きなあそびを見つけ、楽しんでいた。
　　⇒その子どもたちにとって好きなあそびというのは何でしょうか？　ひとつでもふ
　　たつでも具体的に書くと、そのあそびが読む人に見えてくるのですが……。
・子どもたちが自由にあそべるよう興味ある玩具を用意しておく。
　　⇒それはどんな玩具だったのでしょう？
・今日はあそびにとてもよく集中し、深まった。
　　⇒集中したと思える子どもの姿、深まったと思えるあそびの姿を具体的に記述して
　　ください。そうすれば「本当に集中したんだ」と読む人にも納得できます。
・今日の活動は、大方の子どもがとてもよくやれた。
　　⇒クラスのどれくらいの子どもたちをさして述べているのでしょうか？
・自分の思いどおりにならないと泣いて通そうとする。
　　⇒その子にとって思いどおりにならない事態は何だったのでしょう？　その事態を
　　具体的に記述するとその子の気持ちが伝わってくるのですが……。
・○○ちゃんは、ちょっとしたことですぐ怒る。
　　⇒保育者から見ればちょっとしたことかもしれませんが、その子にとっては怒らざ
　　るを得ないような悔しい事態だったのかもしれません。ちょっとしたことの状況、
　　事実をありのまま書いてください。ほかに、「ちょっとしたことでトラブルになる」
　　なども多く見られます。
・この頃よくいたずらをするようになってきた。
　　⇒具体的にはどんな行為をさすのでしょうか？　もしかしたら探索活動が活発に
　　なってきたという行為に受け取れるかもしれません。
・□□君は、このごろ集団からよく外れる。
　　⇒なぜやめたのか？　外れたのか？　その子の行為の意味と具体的な状況を書くこ
　　とで「外れる」という行為を肯定的にとらえられるようになるのではないでしょう
　　か。
・手づかみを認めながら、適切な介助をした。
　　⇒適切な介助を具体的に述べてほしいですね。
・△△ちゃんは、気持ちが荒れていたので、そのつど声をかけ注意をした。
　　⇒実際にはどのような声をかけたのでしょうか？　それは果たしてその子にとって
　　聞き入れられるような声かけだったのでしょうか？
・時間経過に関する記述「しばらくたって」「程よい時間で」「今となっては遅すぎる」な
　ど。
　　⇒書き手にはわかっていても読む人にはその時間の長さ、経過がまったく理解でき
　　ません。
・プールの水量はもっと少なめのほうがよかった。
　　⇒実際にはどれくらいの水量にすればよかったのでしょうか。
・この頃よくおしゃべりをするようになってきた。最近になって急に語彙が増えてきた。
　　⇒一言でも二言でも実際のことばを書くことで具体性が一層強まります。

第1章-5 「子どもの姿を保育者はどう観てかかわったか？」を記述する

子どもをどう観てかかわったかを問い続けることこそ、保育の営み

日誌などに代表される「実践記録」は、具体的事実を記述したうえで、次に「その子どもの姿を、保育者はどう観てかかわったのか。行為の意味を考えながら保育者自身の観方、かかわりを書く」ことです。この記述こそが、**実践記録の本質的な要素**といわれます。

保育の営みは、保育者が子どもの姿をどう観てかかわるかによって、結果も違ったものになるからです。保育者の観方やかかわりは、みなさまざまです。たとえば、自分の主張が通らず泣いている子に対して「そんなことで泣かないの！」と即刻泣きやませようとする保育者もいれば、「何が悲しいの？ 先生に話してもらえないかな……」と、その子の「つもり」を聞き出し、援助をしようとする保育者もいます。しばらく泣くのを見届け、さてどうするか？ 自身で立ち直れるかどうかを見守っている保育者もいます。保育者が子どもをどう観てかかわるかは、保育者の主観です。

それぞれの保育者の観方や対応によって、子どもの姿も育ちもさまざまに変化していきます。だからこそ一人ひとりの子どもの真実の求めにそった、洗練された観方やかかわりが求められ、それをみがいていく力を養うことが「書くことの意味」でもあり、専門性をめざすことといえるのではないでしょうか。

「見る」と「観る」

多くの日誌では、「乱暴ばかりしていた」「貸してもらえないとすぐかみつく」「あそびが長続きしなかった」など、目に見える現象だけを記述しているものがあります。この目に物が見えるはたらきを「見る」というのだそうです。「なぜ乱暴したのか？」「あそびが長続きしなかったのはなぜなのか？」と、その原因や理由を考えようとしていない記述が多々あります。

森政弘著『非まじめ思考法』（講談社）によると、目に見えないものを見出そうと全身全霊（六感）を総動員して、ものごとの核心をとらえるためにみることを"観る"と意味づけ、"見る"と区別しています。

保育中はつい余裕がなく、その心の理由（動機）を考えず対応するだけになったとしても、日誌を書きながら、「本当の願いは何だったのか？」「乱暴の行為の意味することは何だったのか？」とそのときのことをふりかえり

ながら、目に見えない子どもの訴えや真実の求めを考えて書くことによって、子どもの内面（心の声）を聴くことが可能になってきます。

子どもの事実や保育者の対応のありようを保育の場のあるがままにとして描き出し、次に記述する「評価」において「保育者の観方、かかわりは適切だったかどうか？」を吟味していくことになります。それによって次なる、

より洗練された観方、かかわりが生まれていくことはいうまでもありません。だからこそ「どう観てかかわったか？」を記録の本質的要素と意味づけているのです。

そこで保育者の観方、かかわりが記述されているかどうか？　限られたスペースにどう記述するか？　について、いくつかの日誌の事例を基に考えてみましょう。

〔事例 1-5-1〕3 歳未満児の個別日誌より

くにひろ君（1歳10か月）	砂を投げたり、玩具を投げる姿がよく見られた。注意するとますますふざけてしまうため、そのつど注意をし、しっかり伝えていくようにする。
（コメント）	①なぜ投げるのでしょう。場面場面をよく観て行為の意味を考えてみましょう。②「そのつど注意をし」と記述されていますが、保育者は具体的にどのような注意の仕方をしたのかを書いてください。
ゆうこちゃん（1歳6か月）	ゆうこはけいのことを怖がっているようで、けいが近づくとすぐに離れたり、泣きだす姿があった。
（コメント）	①ゆうこちゃんがけい君をなぜ怖がるのか、その理由として考えられることを述べてください。そこで保育者がどうかかわったかこそが、最も重要なところです。
しん君（2歳7か月）	このところやる気が見られず、甘えられるおとなを見抜いて“できない、やって”の繰り返しが目立つ。母親の妊娠が原因ではないかと思う。保育者間で話し合い、どの保育者もしっかり受け入れていくようにしたい。
（コメント）	①甘えられるおとなを見抜いてということより、保育者みんなが受け入れていけるようにという姿勢がとてもいいですね。

〔事例1-5-2〕年長児クラスの日誌より

| 8月20日　ねらい　水の流れを感じ、流れに身を任せてみたり、なぜ流れができるか、不思議さに気づく。 |

　プールで全員が浮いたりもぐったりできるようになってきたので、今日は「みんなで同じ方向に走ってみよう」と促す。
　最初は普通の速さで走っていたが、流れがついてくると「走りにくい」「うわあ、水が重い」「うまく走れないよ」「流れてきた」という声があがる。流れができた頃に、反対に走るよう声をかけると「うわあ、もっと走りにくい」「たいへんだ、重くて進まない」「何で走れなくなっちゃうんだ」「あーもうだめだ」など、流れに逆らうことで水の変化、重さ、怖さを感じたようす。
　「それじゃあ、ゆっくり浮いてみよう」というと、それぞれが水にからだを横たえる。「気持ちいい」「波乗りみたいだ」「何にもしてないのに泳げちゃう」などと、水の流れを体感できたようだ。

（評　価）　今日のようなことをして繰り返しあそび、自分たちで水の流れを作れることをわかってほしい。また、なぜ流れができるのか？ 子どもたちのことばを拾い、みんなで考え話し合ったことをクラス便りなどに残していきたい。水の流れを楽しむあそび方をもっと工夫し、プールあそびを発展していけたらと思う。そうすれば、水の不思議や魅力をもっと味わえるようになると思った。

（コメント）　①保育者の意図やかかわりがはっきり伝わり、マンネリになりやすいプール活動に今後の発展や楽しさが見通せるようです。
　　　　　　②ただあそんでいるだけではなく、あそびのなかに「不思議」「なぜ？」という感動や疑問、わからないことがわかっていく喜び、継続していく活動のなかにみんなで考え探求していく学びがあることを、実践を通して明らかにしていく。これからの幼児教育に求められる重要なことです。

第1章-6　評価を書く

　保育者が日々の日誌などの実践記録を書く際は、（1）ぜひ書き残しておきたいと思ったところに視点を定め具体的に書く。次に、（2）その子どもたちの姿を、保育者がどう観てかかわったかを述べること。それが実践記録の本質的な要素であることを述べてきました。さて、次に必要な記述は（3）評価を書くことです。
　保育所保育指針（以下、保育指針）には「評価を書く」ことが努力義務として示されています。そこで、この「保育士等の自己評価」をどう書いたらよいかを述べてみます。

評価とは何か？

　これまで評価というと子どもたちの能力を「できたか、できなかったか」「みんなと一緒にやれたか、やれなかったか」などとふるい分けたり、おとなが定めた評定基準に合わせてチェックを行うというような、マイナスイメージでとらえられてきた感がありました。

　しかし、本来記録における評価というのは、まず（1）的確な現状認識をすること。先入観にとらわれたり、事実を曲げて見てはなりません。次に、まずは良かったことを確認したあと、（2）そこから次なる課題を見いだすこと。保育は常に『これでいい』ということはありません。「自分たちの保育、今どこが課題？」と、課題を見いだすことです。そして、（3）その課題に対して具体的な方針を打ち立てていく作業です。この3項目を総合して評価といっています。

　これまでも日誌や指導計画に「反省」「考察」として記述されてきたのですが、その多くは、「かみつきが広がってしまい、反省している」「あそびに集中できずフラフラしている。もっと環境構成に気をつけていかなければならないと感じた」「今後は、保育者間のチームワークについて考える必要があると思った」など、決意表明のような書き方が多かったのです。

　また「きょうは1日とても楽しく過ごせた」「子どもたちの反応もよく、うまくいった」などの感想文的な記述も多かったように思います。従来の書き方を払拭し、「具体的にどうすればよいのか、その方針や解決策を考えること」が評価であり、明日の保育への手がかりをつかむことになるのです。

　保育指針でも第1章3の（4）、「保育内容等の評価」（ア）保育士等の自己評価に次のような記述があります。「ア　保育士等は、保育の計画や保育の記録を通して、自らの保育実践を振り返り、自己評価することを通して、その専門性の向上や保育実践の改善に努めなければならない」。そしてこの項に対する保育指針解説書には、「自己評価は、子どもの育ちとニーズを把握し、発達を援助する上でより適切な環境や働きかけを検討することを目的として行うものであり、子どもの発達等を何らかの基準に照らして到達度として評定することを目的とするものではないことに留意が必要である」と書かれています。

　それぞれの保育者が、日々、反省と評価を積み重ね、子ども理解、すなわち、子どもや保育を読み解く力を養っていくのです。

評価の書き方

　保育における評価は、（1）一人ひとりの子どもの成長や変化をとらえること（2）保育士の適切な援助がなされていたかどうかをふりかえる、この2点が基本になります。

　（1）では、これまでとは違った面を発見したらそれを記述しておくこと、

またその子のよさや得意なことなどを積極的に認めていくこと、「結果として現れる目に見える力よりも、目に見えない内面的な育ちをとらえること」が重要です。たとえば、「運動会をめざして練習し、跳び箱を6段跳べるようになった」という記述は、目に見える評価です。大切なことは「苦手な跳び箱を6段跳べるようになった過程をつかむこと」、またその子にとって一生懸命練習して跳べるようになったことがどういう意味をもっているか？　今ではもっと苦手な登り棒にも挑戦するようになったなど、苦手な活動に挑戦しようとしている、目に見えない心情、意欲、態度をとらえ、評価します。

　(2)については保育者自身の保育について、気づいたことや反省すべきことなどを書いておきます。たとえば子どもたちへのことばかけが多すぎて、子どもが自分自身で判断できなくなっていないかどうか。いつも同じ子どもたちとばかりかかわってしまうことはないか？　など、自分のかかわり方に気づいたり、子どもたちがどの程度主体的に生活しているかなどを吟味し、評価します。

　「見る」というのは「目に見えるはたらき」を意味し、「観る」は「目に見えないものを見いだすこと、法則や相手の真実の求めをとらえる」などです。評価をすることは「観る」力を養い、保育者の専門性をみがくことになるのです。

事例から評価の書き方を学ぶ

　自分たちの保育のどこが課題？　その解決法を考え、見つけていくことが評価でもあります。いくつかの日誌に対するコメントを参考にしてみてください。

〔事例1-6-1〕0歳児クラス個人日誌より　4月28日　のりこ（9か月）

※評価が記述されている箇所をかっこでくくってみます。

　座位からハイハイしようとするが、左足が曲がったままうまく抜けず、困った表情をしている。以前はあきらめてしまうことが多かったが、今日は、欲しい玩具を取ろうとして手を伸ばしたり、腰を高くもちあげて一生懸命前進しようとしていた。保育者はさりげなく足を引き出し、かかとを押して取れるよう援助した。そして玩具を手にしたときの本児の嬉しそうな顔を見ることができた。
（何らかの心の動き・動機があってこそ行為になると思っていたが、玩具を取りたいという要求があればこそ前進できたのだと思った。ハイハイを促すための練習ではなく、"あそこまでいってみたい"という願いを育むことがいかに大切かを知ることができた。）

コメント
　何気ない小さな行為のなかに、0歳児の願いをしっかり読み取り、援助する保育者の先を見通した観方が伝わってきます。ハイハイを促す援助がけっして練習であってはならないこと、子どもの願いや要求を理解し支える・内面を育むことであることも評価を書くことによって明らかにされています。

〔事例1-6-2〕2歳児クラス個人日誌より　6月3日　ふみこ（2歳9か月）

靴下や帽子などの身支度はできるのに、なかなかやろうとしない姿がある。何度か「ふみちゃん、早く靴下脱ぎましょう」などと声かけをし、ようすを見ている。どうやら自分が最後になると思うと急いでやりだす。

[評価反省]
まわりの状況を見て行動ができる力が育ってきたことを感じた。それゆえ、保育者のことばかけは無意味だったと反省する。

[コメント]
簡潔な記述の中に、評価の視点①子どもの育ちをとらえる　②保育者の子どもの観方、かかわりは適切だったか否かを評価する、が確実に押さえられています。

〔事例1-6-3〕1歳児クラス　クラス全体の日誌より　5月19日

[評価反省]
歩行を確実なものにするために散歩に出かけるが、途中で石を拾ったり、枝を拾っていろんなところを叩いてみたりと探索を楽しんでしまい、目的地まで行けなかった。この次は、寄り道をしないように、友だちと手を離さないようにすること、目的地に着くまではいろんな物を拾ったりしないよう注意しなくてはいけないと思った。

[コメント]
①「歩行を確実なものにする」という散歩のねらいがふさわしいものだったかどうかを吟味しましょう。
②この時期の散歩で子どもたちがどんなことに興味関心をもっていたか？　何を楽しんでいたか？　をしっかりとらえ、子どもの要求にこたえるねらいの基に実践を進めていきましょう。

添削後

[評価反省]
ねらいは、歩行を確実なものにする散歩であったが、実際には、目的地まで着く途中で探索活動が始まり、子どもたちは石を拾ったり、枝でいろんなところを叩き、音を楽しむことに夢中になっていた。
歩行だけをねらいにするのではなく、子どもたちの興味、関心を大事にし、探索活動も楽しめる余裕をもった散歩、探索をしながら歩ける安全な道を見つけるようにしていきたい。

〔事例1-6-4〕幼児クラスの日誌より

4歳組　保育日誌				
8 月 2 日　火 曜 日　天 候（ 晴 れ ）	担当印		園長印	
1　おもな活動　　2　指導上の留意点　　3　保健　　4　自由記録（個人記録）				

枝豆の収穫をする　　「ぼくのがわからなくなっちゃうでしょう！」

　種からまいた枝豆が、たくさん実をつけた。ひとり1本ずつ根っこから抜き、豆をもげるようにする。
　ちひろ君は、枝豆を手に持ったものの根っこに泥がついていたためか動きが止まってしまった。自分のが終わったゆうちゃんが「てつだってあげる」と一緒にやりだす。
　ひろし君は実を取ってボウルに入れてしまうと、「ぼくのがわからなくなっちゃうでしょう！」といいだし、実を取るのをやめてしまった。みんなでボールに入れた枝豆が何個になったか数えてみると、291個。そこで保育者が「ひろし君のがあると、300個になるかもしれないね〜」と話すと、自分からもぎ始め、「302個だあ〜」と大喜び。その後も調理室へ豆を運び、園長先生に報告をし、しっかり活動に参加していた。

＜評価＞
　園長先生からもらったことをきっかけに始まった枝豆栽培で、よく実がつき、みんなで収穫ができた。ナスやキュウリのように順番に少しずつ実るのではなく、一斉に収穫でき、ひとり1本ずつ持って実をもぎ取ることができ、素材として枝豆はとてもよかったと思う。

コメント

　枝豆はみんなで一斉に収穫することができ、あとで食べる楽しみもあり、4歳児のこの時期の素材としてはとてもよかったという評価はうなずけます。ただ、ひろし君の「ぼくのがわからなくなっちゃうでしょう！」ということばを日誌のタイトルにしているその趣旨は何だったのでしょう。
　ひとり1本ずつ収穫したのでひろし君は「自分が取った枝豆だ（だから、もいだ豆も自分の豆）」という意識を強くもっていたのだと思います。自分が抜き取った1本の枝豆に、果たして豆がいくつついていたのかを知りたかったのかもしれません。だからみんなと一緒の大きなボウルに入れてしまうことに抵抗があったのでしょう。もし保育者がひろし君のその訴えを聞き取っていたら、次にはもっともっと保育展開を変える、力のある評価になったのではないでしょうか。
　次回は、ひとり1枚ずつ紙皿を用意し、そこに自分の取った枝豆を入れていく。そうすると子どもたちはきっと大喜びで数え始めるでしょう。みんなで291個など、子どもが到底数えられる数ではありません。けれども紙皿の枝豆は？　一人ひとりどんなふうに数えるでしょう？　並べて数えたり山盛りにしていったり……想像するだけで楽しくなります。そしてきっと誰が一番多かったかを比べてみることになるでしょう。
　生活の中には学びがいっぱいあります。それもおとなから数えることを強いられてではなく、数えずにはいられない状況で必死に数えるでしょう。数える、比べるなど、あそびながら数量に関心をもち、学び合う保育が展開することでしょう。

第1章　なぜ書くのか？　23

第2章

日誌の書き方 その実際

第2章-1 3歳未満児の日誌

なぜ日誌は必要か
～日誌の役割～

子どもの実態を把握し、適切な援助につなげる

　先にも述べたとおり、書くことは「大事な出来事を忘れない」ために行います。保育者にとって大事な出来事とは、保育の中でとらえた子どもの姿や育ち、人との関係性や活動の展開から見いだしたさまざまな疑問や、発見、感動などです。それを日誌に書くことによって、子どもをより深く見つめ、自らを省察し、今後の保育の計画につなげていくことができます。

　ことに疑問や課題の発見は、保育を創造していく原動力になります。疑問をもつことは、問題（とその解決に向けた真理）を発見する力になり、それらを書くことは、問いに対する答えを探そうと考えることにもつながります。

記録と評価によって、子どもの行為の意味や心の理由（内面）を理解する

　日誌は、保育の「プラン⇨実践⇨記録・評価⇨改善⇨再プラン」という循環のなかで、評価を行うための準備であり、保育者の専門職としての職務であるといえます。

　保育指針では、保育者などの自己評価が義務づけられました。さらに、評価は「子どもの育ちをとらえる視点」と「自らの保育をとらえる視点」の両方からなると保育指針解説書には書かれています。そこで大切なことは、日常生活の中で子どもの思いをいかに受けとめ、それに応答するかという、目に見えない保育の営みです。

　保育者が、子どもたちの目に見える現象、たとえば「あの子は乱暴で困る」「○歳にもなっているのに、まだ友だちとあそべない」といった、外に表れた姿だけをとらえて評価していないでしょうか。そうした現象を引き起こしている心の動きや願い、真実の訴えを探り当て対応していくことが、保育の営みとして最も大切にされなければなりません。それを明らかにしていく手段が、日誌をはじめとする記録です。

仲間をつなぎ、日常をみんなで共有し合う

　日誌にはもうひとつの重要な意義があります。それは文章化により、自分の考えをほかの人と共有しやすくすることです。園の職員同士がよき仲間になり、自分たちの保育をより高めていくには、それぞれの日常や考えを職場の仲間や保護者とわかり合うことが大事です。保育者が書いた日誌や評価を

基に、職員間で議論し合い、学び合うことこそが、保育指針に書かれている「自己評価を園の評価に高めていく」行動につながります。

3歳未満児の日誌

日誌の様式について

3歳未満児と3歳以上児では、保育の特質上、当然日誌の様式も異なってきます。年齢が低いほど個人差が著しく、成長の度合いも異なるため、個人別の記録が必要になります。人生のうちで最も成長が著しい時期だからこそ、その発達の芽を大切にして、一人ひとりの育ちの記録を書くようにします。

この個人記録には、「ひとりの子どもの生活が1週間見通せるように、1枚の紙に月曜日から土曜日までをつづったもの」と「その日に登園した子ども全員のようすを1枚に記述したもの（34頁〔事例2-1-7〕、35頁〔事例2-1-8〕）」があります。

〔事例2-1-1〕は担当制をとっている保育園のもので、それぞれの保育者が自分の担当の子どもについて毎日書くようになっています。限られたスペースの中に、必要なことがしっかり押さえられた日誌です。

日誌の書き方のポイント

（1）視点を定めて書く。

（2）情景がわかるよう具体的に書く。

（3）子どもの実態（状態像）をどう見てかかわったか？　保育者の子どもへの見方、かかわりを書く。

（4）反省、評価（自己評価）を書く。

3歳未満児の日誌は、書くスペースも狭く、限られています。そこに必要

〔事例2-1-1〕日誌の記入例（0歳児）

4月19日　火曜日　天気　晴　　　　　園長印　　　主任印　　　担任印

活　動　抱っこやおんぶで園庭に出て、こいのぼりやうさぎを見る。
留意点　一人ひとりの子どもの興味をもって見つめるものを保育者も一緒に見て、語りかける。

名前	健康状態	食　事	子どものようす・保育者のかかわり
さちこ 3か月	良	ソファーに座り、ゆったりした気持ちで授乳する。家では150cc位飲むが、園では100ccしか飲まない。	新しい環境で本児なりに①緊張があったのか笑顔が見られなかったが、②抱きながら「犬のおまわりさん」を歌ったら笑顔になった。嬉しくなって首をふりながら保育者が顔を近づけて歌うと手足を動かして喜んだ。③歌が好きなようだ。
そう 4か月	良	午前10時頃、おなかがすいて泣くようになったが、まだ20ccしか飲まない。	おむつの交換のとき、①②"そうちゃーん"と名前を呼ぶが目が合わない。授乳のときも顔をのぞき込むが保育者が笑ってみせるが、目を合わせず哺乳びんを見ている。③母親ではないことがわかってあえて目を合わせようとしないのか、気をつけて見ていきたい。
つかさ 5か月	鼻水が出る	哺乳の時間がきても訴えて泣くことがない。"ミルク飲もうね"と見せると喜ぶ。	①②担当保育者が話しかけるといつになく発声が返ってきた。②とくに語尾を上げて"こいのぼり泳いでますねぇ"などと話すと反応が大きい。同じもの見つめて語りかけると"うーあー"などと答えているように感じた。③共同注視が成立し始めたことを嬉しく思う。

子どものようす・反省・評価

　室内ではまだ玩具を手にしてもあそびださず泣くことも多いが、園庭に出ると泣きやんで、こいのぼりや年上の子どもたちがあそんでいる姿に見とれている。つかさは担当保育者が声をかけると喃語を返したり、喜ぶようになった。

①子どもの姿　②保育者のかかわり　③評価

〔事例 2-1-2〕個人別の記録
1 歳児クラス・あいちゃん〈2 歳 2 か月〉（個人記録）

生　活	あ　そ　び
（睡）寝入りに指しゃぶり。寝てからもずっと指しゃぶりをしている。 （排）トイレで排尿する。午前中はぬらさずに過ごしている。	「読んで」と絵本（『きれいな箱』）を持ってくる。他児が先に読んでいたため、「待っててね」と話すと「ジュンバン」といって待っている。本児の番になると、次の子に「ジュンバンネ」といって保育者のひざに来る。
・寝つくときからずっと指しゃぶりをしているあいちゃんに、保育者はどんな対応をしましたか。	・具体的に書かれているので、読み手にも子どものようすがよくわかります。評価として、あいちゃんの育ちをどのように感じたかを書くといいですね。
（添削後）　　　　⇩	⇩
（睡）いつも寝入りに指しゃぶりをする。よく眠ったようすを見て、そっと指を外すが、また、いつのまにか指をしゃぶっている。 　しかし、1 時間後に外してやるとそのままになっている。	（評価を加える） （評価）「待っててね」といわれ「ジュンバンネ」と発しながら自分にいい聞かせ、我慢できるようになっている。「ジュンバンネ」ということばの意味が確かに理解できていると思う。

2 歳児クラス・すすむ君〈2 歳 7 か月〉（個人記録）

生　活	あ　そ　び
すすむ君は保育者に何か促されるたびに「イヤー」ばかりだ。	テラスで何度注意されても柵の上にあがる。⑦/注意されたり転んだりすると、抱っこを求めあそばなくなる。
・否定的な表現が気になります。「イヤー」は自己主張の始まりです。自己主張ができるようになったという肯定的な表現で書いてみましょう。 ・保育者がどのように促すかを具体的に書いてください。	・⑦の部分は、なぜ注意されても柵にあがってしまうのか、考えてみましたか。
（添削後）　　　　⇩	⇩
保育者がすすむ君に「もう片づけてごはんにしよう」とか「もう寝る時間だからふとんに入ろうね」と促すと、「イヤー」と自己主張する。「もっとあそびたかったの？」と、すすむ君の気持ちを代弁すると、嬉しそうに笑って片づけることもある。	テラスで何度注意されてもすすむ君は柵の上にあがってしまう。「柵は危ないからこっちのお山にあがってみる？」と巧技台の山を作って示すと、すぐ巧技台にあがる。 　高いところにあがりたかったのだ。

1 歳児クラス（日誌）

（6 月 3 日）朝のうちは雨も降っていたが、午前のおやつの頃より晴れ間がのぞく。園庭も水はけがよいので戸外へ出る。三輪車に乗る子やいたずらをする子とゆったりとあそんでいた。途中で小雨が降り出してしまったため、急きょ室内に入る。 　中途半端な時間となってしまったが、室内あそびに切り替え、ままごとなどをして過ごす。

・何をして、何をして……という活動の羅列になっています。残念ながら子どもたちの姿が見えてきません。
・保育者の今日の活動のねらいは何だったのでしょうか。行き当たりばったりにならないよう、指導計画とつながる保育を進めていきましょう。

2 歳児クラス（日誌）

（11 月 26 日）天気がよかったので園庭であそぶ。 　友だちとふざけて走り回る子、ブランコに集まってトラブルになってしまう子、三輪車に乗って友だちを追いかけるように走り回っている子もいる。まだ自分からあそびだせず保育者のそばから離れられない子もいる。

・よく見られる書き方ですが、それぞれの子どもたちが何をしていたかを書くのではなく、おのおのの子どもたちが、自分のしたいあそびに取り組んでいたかどうか、そこでの子どもたちの育ちについて気づいたことはなかったのか、保育者は誰とどのようなかかわりをしたのかを書いてください。

（添削後）　　　　⇩

（11 月 26 日）園庭に出ると、あきら君、みつる君、とおる君らは真っ先にブランコに押しかけ、すぐ「ぼくも乗りたい」「だめえ」というトラブルになってしまう。保育者が行って順番に乗ることを伝える。ブランコではまだ保育者にこいでもらわないと楽しめないので、ずっとブランコのところでこぐ役にまわる。 　そこからほかの子どもたちが園庭であそぶようすを見ていると、友だちへの関心が育ってきて、気の合う子とふざけて追いかけっこしたり、友だちのあとについて三輪車を走らせる楽しさを味わっているようすが伝わってきた。

な内容を記述するのは至難の技と思われることでしょう。

28頁の〔事例2-1-2〕は、個人別記録として記述されたものですが、保育者の見方やかかわり、評価などが書かれていないため、筆者がコメントをし、添削してもらったものです。

書き方さえわかれば狭いスペースでも保育者の見方、かかわりや評価を書けるようになっていくのではないでしょうか。

ひとりの子どもの生活が1週間見通せる個人日誌

30頁の〔事例2-1-3〕は、ひとりの子どもの1週間の生活ぶりが記述されています。日々の生活の連続性が伝わってきて、読んでいると小さな変化や育ちが手に取るようにわかり、物語を読むような面白さがあります。一人ひとりの子どもを点として見るのでなく、連続していく線としてとらえることで、見えてくるものがあることを教えてくれます。個別記録としてこのような様式のものが、子どもの発達理解のうえでとてもいいと思います。しかし、これだけでは0、1、2歳児各クラスのようすが伝わってきません。このほかに別紙でクラス運営について簡単に記述するものを添える必要があります。

31頁の〔事例2-1-4〕も、0歳児クラスのひとりの子どもの1週間の生活を見通した日誌です。この週はとくに食事に関して保育者の思いが集中して

いることが伝わってきます。10月20日のあそびの欄を見てください。1歳3か月にもなると、自分の力でやれることを一つひとつ大好きな保育者に共感してほしいと訴えています。この共感の喜びが"もっとやってみよう"という心のバネになるのでしょう。1歳のこの時期、自分のことを見ていてくれる大好きなおとなの存在によって、子どもは自分の力で新しいことに挑戦し、発達していくようすが伝わってきます。32頁の〔事例2-1-5〕も参考にしてみてください。

これだけのスペースでも、子どもの姿をいきいきと、保育者のかかわりや思いも込めて記述できるのはなぜでしょうか？　保育の実践と評価は切り離すことができません。子どもとかかわっている最中にも、保育者は子どもの行動の意味を読み取り、それに応答しています。さらに子どもとかかわっている自分の姿も見つめながら保育しています。すなわち、保育をしながらも振り返る・自分を見つめるもうひとりの自分が存在していることを意味します。書くことで自分を客観視できるようになる力が養われていく結果ではないでしょうか。

〔事例 2-1-3〕 ひとりの子どもの1週間のようすが見通せる個人日誌①

平成26年度

0歳児・個人日誌　　　　園児名　あきこ（0歳10か月）　　　　担当　　　園長印

このスペースは何を食べたかなどではなく、食事のようす、保育者の援助などについて記してほしいですね。

あきこのしぐさをしっかり読み取れるからこそ、あきこの求めに応じた援助が生まれてくるのですね。

本日より中期食

6月30日（月）　記入者

時刻	7	8	9	10	11	12	1	2	3	4	5	6	7
睡眠			10	40	55		35						
体温		35.9					36.3						
排便													
食事	ごはん1/2 おかず2/3 スープ2/3 M110												

様子：口を開けて食べ物をとりこむけれど、初期食のようにいつでも開けているようにはない。まだ口に入っているときには開かないからスプーンを近づけても口を開けないことともある。そしてじゃくは上下にちゃんと…とを食べている。自分の食べたいときを明確に表現しているときを…

保健：

7月1日（火）　記入者

時刻	7	8	9	10	11	12	1	2	3	4	5	6	7
睡眠			40	15	50	15							
体温		36.5					36.4						
排便													
食事	ご飯1/2 スープ2/3 おかず1/2 M180						M180						

様子：芝園庭で水あそびをする。たらいの前にひとりで座らせてゆっくり返らす安定して、自分から水に手を伸んでいる。両手を入れて水の感触を楽しんでいる。あそびながら、「えーえー」「あーあー」と水を出して、顔をくしゃくしゃにしてニコッと笑い表情が豊かである。

保健：

7月2日（水）　記入者

時刻	7	8	9	10	11	12	1	2	3	4	5	6	7
睡眠			35	0	15		00						
体温		36.4					36.4						
排便													
食事	おかず全部 パンがゆ1/2 スープ1/2 M170						M190						

様子：寝ているところを避難訓練で起きておんぶされて大泣きしてしまう。おんぶは好きではなく、だいたい泣くことがある。関節に出たらこどもだから、どがいっぱいいる姿が見えたからか、どンと泣きさやんでくずもない。本児なりに何かを感じたのだろうか。

保健：

7月3日（水）　記入者

時刻	7	8	9	10	11	12	1	2	3	4	5	6	7
睡眠							35		00				
体温								36.4					
排便			全部2/3 M140				M130						
食事													

様子：スプーンに乗せた食べ物を、口びるで押さえて「あむ」と食べることが上手になってきた。そして、口の中にためこんでしまうことが多い。食べているときは機嫌がよく保育者を目を目合うとニコニコ笑ったり、手足をバタバタと動かして嬉しい気持ちを表現している。

保健：

7月4日（金）　記入者

時刻	7	8	9	10	11	12	1	2	3	4	5	6	7
睡眠							45	45					
体温								35.9					
排便			全部2/3 M110				M110						
食事													

様子：座位はだいぶ安定し、ひとりで座っていられるようになってきたが、勢いよく倒れることもある。泣いて嫌がるが、おなかの下になるようにを置いてからだが起こしやすいように、少しからだを起こしてもバスタオルとうぶせになってしまう。泣いても、大好きなガーゼやタオルケットを顔の近くに置いてあげると安心するのか、すぐに泣きやむ。

保健：便ゆるめ

7月5日（土）　記入者

時刻	7	8	9	10	11	12	1	2	3	4	5	6	7
睡眠						00	15						
体温							36.1						
排便			ご飯1/3 スープ1/3 他2/3				M170						
食事													13：30 迎え

様子：座位の姿勢に少し疲れてしまうと「あー!!」と声を上げて保育者に主張する。牛乳パックの乗り物に支えながら座り、また前の部分をつかむと、両手でしっかりと前の部分をつかみ足も床についてバランスを保ている。いつも保育者の視野が変わり嬉しそうであった。

保健：

〔事例2-1-4〕ひとりの子どもの1週間の生活のようすが見通せる個人日誌②

(0歳児クラス)

太郎　1歳3か月		担当		園長印	
	生　活		あそび		

	生　活	あそび
10月16日（月）	情緒）朝から何となくイライラした感じである。ベットのすきまに持っていた玉が転がっていくと、誰も取ろうとしていないのに怒り、大声を出しながら取りに行っている。 食）コーンスープのスープしか食べなかった。	朝から機嫌が悪い。2階、園庭、ホールなど気分を変えようとしてみたが、どこも長続きしないので部屋に戻る。幼児クラスのあそびを抱っこで見ているときは落ち着いていた。ひざに座り、たいこを叩いたり、他児のあそんでいるのを見たりでやっと落ち着き、自分からひざを離れ、歩きだす。月曜日の午前中はあいかわらず本調子が出てこない。
10月17日（火）	食）食欲がないのか？　眠いのか？　昼食は、アジの竜田揚げとみそ汁のスープのみしか食べない。他児のお皿をのぞき、何か自分の気に入ったものはないか、さがしている。ここのところ、気に入ったものしか食べなくなっている。	・棚の奥に玩具の携帯電話をしまって、ときどきそれを取りに来たりして喜んでいる。保育者とお互いに電話を持って「○○ちゃんですか？　もしもし」と保育者がいうと「はい」といっていた。 ・神社で保育者が「ヨーイ、ドン」というと、走りだす。保育者のあとについて楽しそうに走っていた。
10月18日（水）	食）ごはんがほとんどすすまない。マカロニサラダもマカロニのみを自分で手でつまんで食べている。食べている物も介助してすすめるとほとんど口を開けず、マイペースに食べ、ひととおり好きな物がなくなると、『もうおしまいにする』といわんばかりにいすから離れようとする。	保育者と箱ブロックを積んであそぶ。本児が1個ずつ保育者に渡し、保育者が積む流れであそぶ。「今度は太郎くんが積んでね」と交替すると3個まで積んで手を叩く。
10月19日（木）	食）スープ、パンのみ食べる。ほかはまったく口にしない。食後ふとんに入るとすぐに眠ってしまうが、食べないのは眠いだけではないと感じる。他児や保育者が食べているのを見せたり、小さくして少量をすすめたりするがまったく口を開けない。おやつの量を減らしたりはしている（おかわりをしない等）。	少人数であそんでみると、箱を積んだり、崩したり、コルクを鍋に入れてレンゲでかきまぜたり、すくったり、ほかの器に移したりととてもよくあそべている。うまくいくと「オー」といってニコニコ拍手をしたり、物が倒れると「あ〜あ」など、ことばもついてきている。週の中頃になると機嫌よくあそぶ。
10月20日（金）	食）真っ先に眠くなってしまうので、食べられる物をと魚を出すと、すぐにペロリと食べてしまう。うどんは保育者に介助され、ほぼ食べ終えた頃、目は閉じそうになっていた。はるさめ以外は食べられたのでよかった。	コルク積み木を2つ積むと保育者の顔を見て「ほら積めたよ」といわんばかりに自分のやったことを知らせる。自分でできる喜びを味わいたいし、保育者にも一緒に喜んでもらいたいという思いが伝わってくる。「高い高いだね」と保育者が話すと嬉しそうに「うんうん」とうなずき、もっと積み上げてみようと挑戦する。
10月21日（土）	休	

第2章　日誌の書き方　その実際　31

〔事例2-1-5〕ひとりの子どもの1週間の生活のようすが見通せる週日誌（1歳児クラス）

氏名	しん君　2歳0か月		記録者		園長印	
月日	検温	生活		あそび		
6/2 (月)	休み					
6/3 (火)	35.7 (8：15) 35.8 (14：30)	食事前オマルに誘ったが「イヤ」というので紙パンツを履こうとすると、他児がオマルに座っているのを見て、「しんくんも！」と自分から座りたがった。ほかの子が座っているのを見て刺激を受けたようだ。		体操のときに手足を振っていると「せんせーこわーい」といってくる。怖いといっているわりにはとても楽しそうな顔でいってくるので、「どうしてー」と追いかけると「キャー」と嬉しそうに逃げる。相手にしてほしかったようだ。		
6/4 (水)	36.1 (8：10) 36.1 (14：10)	食事が終わり、着替えに行こうとするが、保育者が誰もいなかったからか「せんせーいこう」と誘われる。隣りで見ていてほしかったようで、一緒に行くが自分でズボンを履いていた。見守ってほしいという思いがあったようだ。		散歩の帰り、「歩いて帰ろうか」と声をかけると、何もいっていないのにお友だちと手をつないで歩き始める。お友だちに少しリードされながらだが、しっかりとした足どりで保育者の後ろについてこれた。そろそろ手をつないでの散歩もできそうだ。		
6/5 (木)	35.4 (7：50) 36.0 (14：35)	登園時、父と一緒にいるときに「おいで」と声をかけると泣きそうになる。抱っこして入室しようと思うが、泣くのを我慢して歩いて入ってきた。「お兄さんだね」と声をかけると甘えて保育者のひざに座る。		牛乳パックのいすに座って皿をハンドルに見立てて車ごっこを楽しむ。ほかの車やいすも一列にまっすぐに並べて先頭に座り、本当の運転手さんのように見えた。		
6/6 (金)	36.2 (8：15) 36.0 (14：40)	靴下を自分で履こうとしていたができず、何度も挑戦する。保育者のところへ持ってきたのでやってあげると怒ってしまう。全部ではなく、自分のできないところを補助してほしいということだったようだ。		ザルを「ぼうし」といってかぶり、洗剤スプーンを両手で持ち、おてだまをボールに見立てて、「ゴルフ」といいながら打つ。ちゃんとボールの前まで洗剤スプーンを近づけて距離を確認してからのスイング。父親の姿を見て覚えたのだろうか、すごくいいスイングをしていて面白かった。		
6/7 (土)	休み					
6/8 (日)	休み					
特記				家庭連絡		

クラス運営について
記述する日誌

　3歳未満児の日誌は、個別に書くのが主流ですが、前にも述べたように、それだけでは複数の保育者が子どもたちにどうかかわっているのか、環境構成はどうしているのか、朝夕の保護者との連絡をどう取り合い、子どもの相互理解をしているのかなど、クラス運営のようすが見えてきません。そこで、簡潔に記述するクラス運営的な日誌を添える必要があります。次にその実際を見てみましょう。

〔事例 2-1-6〕2歳児クラス運営の日誌

> **お客さんで仲間入りする　6月12日（火）**
>
> 　ままごとコーナーでえりな、あやか（ともに2歳10か月）が食卓を囲みお母さんごっこをしていた。そこへなつき（2歳9か月）が「入れて」と入ろうとするが「ダメー！」と断られ、泣きながら保育者に訴えてくる。えりなとあやかは「だってここ、おうちなんだもん、ねー」「ねーっ」とうなずき合っている。そこで保育者と手をつなぎ「ピンポ〜ン、ごめんくださーい。お客さんですよー」と声をかけてみた。するとあやかが「お母さん、お客さんだって」といい、えりなも「お客さんですか？　はい、わかりました。さあさあ、こちらへどうど」といすをすすめる。そして「一緒にごはん食べましょ、ねー」と、なつきをまじえ和気あいあいとあそび始めた。
>
> （評価）えりなとあやかの親密な親子関係で、いったんはなつきの参加を断ったものの"お客さん"としてなら受け入れてくれた場面だった。このとき、もし保育者が「入れてあげなさい。泣いているでしょ」などと高圧的な言い方をしたらどうだったろうか？　おそらく結果として入れてくれたとしても「ねー」「ねーっ」とうなずき合うような、ワクワクした気分はなくなってしまっただろう。役になりきって楽しんでいる雰囲気を壊さないよう配慮したことで、新たな役としてスムーズに入っていくことができた。しかしいつもうまくいくとは限らない。ごっこあそびのトラブルのとき、保育者がどういう目線でかかわっていくか……常に問われることである。

> **客観的な目で　11月14日（水）**
>
> 　昨日、ゆい（3歳1か月）がスーパーで「お菓子買って」と駄々をこねたとき、母親が負けずにがんばり、ゆいも泣きながらもあきらめた、という話を母親から聞いた。さっそく、くまのぬいぐるみを使って、スーパーでのやりとりを人形劇風に再現してみる。笑いながら見ている子どもたち。開口一番にゆいが「買って買って、って泣いたらおかしいよねえ」と笑う。ほかの子どもたちも「そうだよ。赤ちゃんみたい」「あはは、そういうのダメだよねえ」という。客観的にはみんなよくわかっているようだ。
>
> （評価）当事者になると、つい駄々をこねたりわがままをいっても、第三者の立場になると冷静に判断できるようである。ときどきはこんなふうに、また別の目で考える機会をつくっていきたい。また、どちらかといえば、泣かれると言いなりになってしまいがちなゆいの母親が、周囲の白い目にも負けず毅然とした態度で筋を貫いたことをおおいに認め、支えていきたいと思っている。

（コメント）
　子どもたちの姿をよく観て、いいかかわりが成立している日誌だと思います。評価の書き方も参考になります。

〔事例2-1-7〕（個人別記述）＋（クラス運営の記述）両方の視点から作成された様式①

ももぐみ（1歳児高月齢グループ）日誌

11月5日火曜日　天候（晴）		在籍	㊚7名 ㊛9名｝16名	出席	㊚6名 ㊛7名	欠席	㊚F男 ㊛H子　I男
名前	健康（基本的生活）			あそび　情緒（反省、評価）			
あき男				ひろしにトラックを取られてしまい大泣き。声をかけてあげると、取り返そうとするが、力で負けてしまっていた……もう一度気を取り直し、取り返しにいくと、もらうことができた。			
ふみ男	生野菜を「いや」と拒むので「うさぎの"みみ"は大好物なのよ」と話すと、自分で少しつまんで口に入れた。			ダンボールの中に新聞紙を入れてあるのを見つけると、一番にやってきて、半分ぐらい外にヒラヒラ出すと、自分が中に入り、中で自分に新聞紙をかけたり、こすったりする。「オフロでゴシゴシ？」というと、うなずいて「ゴッゴッ」とこすっていた。			
ひろし	めずらしく立ったままおしっこをしてしまい黙っている。 「おしっこ出ちゃったね」といって保育者がふいていると「ちがう、みず」という。 失敗したことを認めたくないのか？　自尊心が著しく発達していることを感じた。			たくやが絵本のイチゴを食べようとすると「ひろしの、メー」といってたくやをつき飛ばす。泣いているたくやの前へ連れていって泣いている姿を見せ、痛かったことと、たくちゃんも食べたかったことを伝えた。少しの間、みんなから離れたところへ行って戻ってくると、イチゴをつまむ動作をしてたくやの口に入れてあげていた。相手の姿をきちんと見られるようになっている。			
たくや				ひまわり組の子が蛇口から水を出している姿をじっと見てやってみたくなったのか、まねをして水を出すことができ大喜び。始めは出すだけだったが細くしてみたり大きく出してみたりしている。			
えり子	食後、黙ってトイレに行くので、ついていくと便器に座って「ウーン」といっていた。大便が出たくなったことを行動で示している。			着脱面をはじめ、自分でやりたいという気持ちが出てきており、保育者がサッと履かせてしまったりすると、怒りだしたりしている。「自分で履きたかったの？ごめんね！」と声をかけ見守ると、片足と手を使い持ち上げ、ズボンの中に通して引っぱりあげ、がんばってひとりで履ける。 意欲を大切にし、見守ったり介助していきたいと思う。			
てつや	欠（かぜ）						
なお子				夕方、りんご組（2歳児クラス）が来て合同になると、あわてて保育者のひざにしがみつき離れない。もも組の子どもの活発な動きに圧倒されているようだ。保育者のひざに座ってじっと見ている。そのうちに同じようにやり始めるだろう。			
クラスのようす	えり子となお子のふたりは、まだほかの子のように遠くまで歩けないので園庭で林保育者とあそび、2歳になっている4人は、佐藤保育者と一緒に（フリーの保育者に応援に来てもらい）○○公園まで片道30分歩いて行った。公園では、ひろしはたくやに、いつとなくやさしい。ほかの3人は、保育者と一緒におおかみの追いかけっこを楽しみ、公園でも走り回ってしまい帰りがたいへんだった。歌を歌うと何とか気持ちを切り替え歩いてくれた。もう少し休息を意図的にとらなければと反省する。						

子どもの姿
（具体的です）

保育者の
かかわり

評価
目に見えない
心の育ち（自尊心）
をとらえています

34

〔事例2-1-8〕（個人別記述）＋（クラス運営の記述）両方の視点から作成された様式②
1歳児クラス

1月12日（ 水 ）天気（ 晴れ ）担任　　　　副園長　　　　園長				
保育内容	園庭あそび　室内あそび ・気にかかる子どもの巡回相談があり、たかおの室内でのようすを見てもらいたいという思いから、園庭と室内とで分かれて保育した。庭園では砂場で山作りやごちそう作りを楽しむ。日陰はやはり寒いので、ボールや「まてまてあそび」「かくれんぼ」などの動きのあるあそびも、誘うようにした。 ・室内では、ミニカー、パズルを楽しむ子、保育者と「はちはちごめんだ」のわらべうたをして、逃げることを喜んであそんだ。			出席　11 欠席　1 欠席理由
	ちあき　2.4か月	みはる　1.9か月	ゆうじ　2.4か月	ゆりこ　2.2か月
	パズルをやっている途中で絵本が見たくなり、そのまま立ち上がったので「パズルをしまっておいで」と、声をかけると、パパッと最後までやってしまってから来た。30ピースのパズルだが、毎日の積み重ねだろう。	りんが帽子を落とし、3歳児に届けてもらっているのを見て、かぶっている自分の帽子を落とし、「みーも」と、指してアピールしていた。まわりをよく見ていて、自分も同じようにしたいという思いが、強く出ている。	今日もミニカーをたくさんひとり占めし、並列に並べる。縦に並べるのが渋滞、横に並べるのが駐車らしい。自分の思いがしっかりあってあそんでいるんだなあと、成長を感じる。	砂場でひとり、おだんご作りをしていた。それを弁当箱に入れて、「はーい、どうぞ」と、担任にふるまう。さらに、離れたところにいた3歳の担任にもあげていた。人とのつながりが広がってきているのだと、成長を感じた。

（コメント）
狭いスペースに、
　子どもの姿→保育士の観方、かかわり→評価がしっかり記述されています。

第2章-2　3歳以上児の日誌

様式について

　3歳未満児と3歳以上児では、その保育の特質上、日誌の様式が異なります。3歳未満児は個人差が大きく、成長の度合いも著しく異なるので個人別の日誌が必要でした。3歳以上児の日誌は、おもに集団的視点で書き、さらに、とくにその日に記録しておきたい個人の子どもについても記述できるよう個別欄を設けます。その基本を押さえ、自分たちの書きやすい様式を各園で作成してみてください。

　36頁の〔事例2-2-1〕は、様式にとらわれずに日記風に自由に記述していくものです。これは、書くべき視点が定まっていれば書きたいことを十分に書け、逆に書くべきことがあまりな

かったときは空白の枠を気にせず記述できる利点があります。しかし、活動のねらいや評価など、書くべき必要なことがらをしっかり押さえていないと書き漏らしてしまう傾向があります。

37頁の〔事例2-2-2〕は、書くべき必要な項目を枠組みの中にきちんと押さえて書けます。そのため、保育の全貌を残しておくにはよいのですが、どうしても枠組みに縛られ、記述したいことが制限され、中途半端な記述になってしまう欠点があります。

いずれにせよ、3歳以上児の日誌は、指導計画で立案したねらいに沿って保育がどのように展開されたか、そのなかで一人ひとりの子どもやクラス全体の子どもたちのようすが伝わってくるものであってほしいと思います。

何を書くか？　視点を定めたメッセージ性のある日誌

〔事例2-2-1〕は、その日のおもな活動について記述されているものではあ

りませんが、日常のさりげない子ども同士の会話から保育者がそこに4歳児らしい育ちの姿、伝え合いの素晴らしさを見いだし、ぜひ書き残しておきたいと思い表現した心の動きが伝わってきます。一文ですがその日の活動も書かれているので、日誌としてこうした記述がなされてもいいように思います。

しかし、毎日このようなエピソード記述ばかりでは困ります。保育は、「プラン⇨実践⇨記録・評価⇨改善⇨再プラン」の循環により、より質の高い活動を構築していく営みです。指導計画につながる実践展開が記述される必要があります。

37頁の〔事例2-2-2〕は、その日のおもな活動が記述された日誌です。個々の子どもの姿は具体的でよく見え、聞こえてくるのですが、日誌に記述されていなかったクラスの三分の二の子どもたちのようす、とくに、ねらいに掲げた"春を感じ取る体験"はどうだったのでしょうか？　評価が保育者の自己満足で終わってしまっている

〔事例2-2-1〕自由記述式の日誌（4歳児クラスの日誌より）

9月7日（水）　天気（曇り後晴れ）　出席（17人）　欠席（2人）理由　やすし（かぜ）　しおり（家の都合）	
子ども同士の育ち合い	昨日の食事前、みつ子が「わたし、ハンカチ忘れちゃった」というと、あい子が「どうして？」と聞いた。みつ子は「だってお母さん、なーんも入れてくれんもん」と母親のせいにする話しっぷりだった。するとあい子が「そんな……お母さんっていわんかって自分で忘れないように、ハンカチ、カバンに入れればいいんじゃん」と忠告するような口ぶりでいったのを、みつ子はちゃんと覚えていたようだ。今朝は、嬉しそうに「ハンカチ持ってきたよ。忘れんように自分で入れたんや。あい子ちゃん教えてくれてありがとう」とさりげなく話しているのを聞き、私はとても嬉しく思った。
（評価）	子ども同士で教え合い、自分で気づき、できたことに喜びを感じ、自信をもつ。日常の中の何げない会話に、こんな育ち合いがあることを素晴らしいと思い、夕方の帰りの会で、このふたりの会話をクラスのみんなに伝えておいた。
今日の活動	運動会に向けて、今まで継続してきた、子どもたちの好きなドーンジャンケンをする。
個人別記録	よし男：「ぼくのこと仲間に入れてくれん」と保育者にいいつけにくることが多くなっている。「何で入れてくれんかね？」と、相手の立場や主張もあることに気づかせ、再び自分で交渉していけるよう促す。さとる：まだ友だちができず、今日もひとりであそぶことが多かった。明日はさとるのやりたい好きなあそびに、保育者が友だちになって一緒にあそんでみようと思う。

36

のが残念です。それでも、書き残して
おきたかった保育者の視点が伝わって
きて、楽しいものになりました。

週案日誌のメリット・デメリット

保育の仕事は、保育の計画を立て実
践し、その保育が適切に進められてい
るかどうかを記録・評価し、さらに、
それを基に再計画する循環のなかで展
開していく営みです。その意味で38
頁の〔事例2-2-3〕の週案日誌は、週
案に掲げたねらいに沿って保育がどの
ように展開されたか、その経過が見通

せること、すなわち1週間の活動内容
（カリキュラム）と日誌の連動が利点で
す。しかし、1週間分の日誌を1枚の
用紙に書くため、1日分のスペースが
狭く、書くべき必要なことがらが十分
記述しきれない欠点があります。その
ため書いておきたいと思ったことがら
だけを、視点を絞って書くようにしま
す。

また計画どおりに進まないのが保育
です。計画と異なった保育が展開した
ときには、必ず赤ペンで変更した内容
を明記しておくことも大切です。

38頁の〔事例2-2-3〕は、毎日の
日誌欄にその日の保育の評価を記述

〔事例2-2-2〕枠組みのある日誌

4歳児　さくら組	保　育　　日　　誌		
23年　4月14日（木）		出席	欠席
主活動　散歩		17名	1名　さと子 ― 発熱
ねらい 　木々や花のようす、風の暖かさを感じながら、散歩を楽しむ。		環境・配慮 　子どもの小さな驚きや発見に共感し、一緒に見たり触れたりする。	
活動展開（子どもの姿と保育者のかかわり） 　お船の公園まで散歩に出かけた。道中、桜の花びらを風に舞わせたり、タンポポを見つけて摘んだりと、春を満喫していると、さくやとまりが動植物に向かって「春ですよ〜！」と声をかけ始めた。ふたりの姿を見た数名の女児も、アメンボやカモに向かって「春だよ〜」と話しかけ、通りすがりの人びとにも「春ですね〜」と調子よく声をかけていた。 　そんなことよりもゲームの話をしたいゆうやが、「うるせーよ！　話が聞こえねーよ！」とブツブツいっていたので、「春の歌歌わない？」と提案すると、「チューリップ」や「ちょうちょ」「さんぽ」など、メドレーで大合唱。さんざん春の訪れを感じたあとの、「あ〜、早く春来ないかなあ」というゆうやのことばに、思わず吹き出してしまった保育者であった。			
反省・評価 　園内探検を予定していたが、今週の晴れ間が今日だけのようであったので、散歩に出かけた。日ざしが暖かく、道端に咲く花や木々の緑もさらに色あざやかに見え、情緒豊かに散歩を楽しむことができた。 　明日、明後日と雨の予報なので、2日間に分けて園内探検を取り入れたいと思う。			
個人記録 とおる：牛乳のおかわりを求めたが、保育者が他児のトラブルにかかわっていたため、自分でコップについでいた。月曜日に読んだ『ちょっとだけ』という絵本のシチュエーションそのもので、本人も「ちょっとだけ成功！」と、絵本のフレーズを口にしており、よく覚えているな―と感心してしまった。			
家庭との連携・特記 　りょうとまさるがトラブルになり、まさるの顔に少し引っかき傷が残ってしまった。担任よりトラブルの状況を説明し、謝罪した。 　きららが、38.5度の発熱。昼に降園した。			

（コメント）（1）思わず吹き出してしまうようなゆかいなゆうやのことばを、担任はどのように解釈したのかが最も知りたいところです。ゆうやは、本当は「春」をどう感じ取っていたのでしょうか。
　　　　　　（2）保育者自身が春を十分に楽しんでいた姿は伝わってきますが、活動展開に出てこなかった10名弱の子どもたちが、春をどのように感じ取っていたのか、把握し評価してほしかったです。

し、週案の評価を一番下の欄に記入す
るようになっています。ここでは週案
のねらいに対する評価がしっかり記述
されていないのが残念です。

「あそびを通して育つ自律の芽」が記述されている日誌

日誌には子どもたちの姿を読み手に
見えるように具体的に書く、その意味
を明らかにしてくれたのが39頁の〔事
例2-2-4〕です。子どもたちの言動と
保育者とのやりとりをそのまま書きつ
づったものですが、リアルな記録に感
心しました。記録者にたずねると、保

育中に必要なことをさっとメモしてい
るとのこと。あらためてメモの重要さ
がわかります。日ごろ、鬼ごっこで捕
まるとすぐやめてしまうという子ども
が、こおり鬼のあそびを通して自分で
気持ちの切り替えをし、再びあそびに
戻ってくる場面をとらえています。評
価の内容がとてもいいですね。書くこ
とはまさに目に見えない心をとらえる
ことであり、あそびを通した心の育ち
が表現されています。

40頁以降の〔事例2-2-5〕、〔事例
2-2-6〕、〔事例2-2-7〕、〔事例2-2-8〕
の日誌の様式やコメントなども参考に
してみてください。

〔事例2-2-3〕週案日誌　3歳児クラス　子ども16名　保育者（正規職員1、パート職員1）

| ねらい | ・園庭ではだしになってあそび、泥の感触を楽しむ。
・お箸の持ち方を少しずつ覚える。 | 家庭支援 | 個人面談のなかで家庭と園でのようすを伝え合う。 | 教材 | はさみ、広告紙、箸
わらべうた「むっくりくまさん」
絵本『かたつむり』『あまがさ』 |

（月）		（略）		（木）		（略）
6月14日（火）	天気　はれ 出席数　16名 欠席数　0名 理由	子どもの姿と保育者のかかわり　記録者（　　　）		6月17日（金）		
		昨日ほど気温が上がらず、昨日のようなダイナミックにあそぶ泥あそびは見られなかった。泣いて嫌がっていたりょうだが、戸外に出る前には「泥んこあそびまたやりたい！」と話してくれた。泥んこあそびが好きではないのり子、慣れるためにはだしで戸外に。とくに嫌がるようすでもなく砂場であそんでいた。 ひろしのしんやに対する意地悪が目立つ。たとえば、しんやが使っているとわかっていながら取って泣かせたり、「入れて」というしんやに「もっと大きい声でいわなきゃ入れない」と何度もいったり、給食前の「○○小さい」というトラブルはほぼ毎日で、泣いている状態である。しんやもいわれると反論するのだが、泣くほうが先のため、からかわれているように見えるので、注意しながら見ていく必要がある。		（略）	
	<内容> あまり泥んこが好きではない子も触ってみようとする。	評価	三輪車に乗れない子に対し、個人的に短時間教えている。やる気のなさもあり、励まし、おだてながら一緒にがんばっている。		<コメント> やる気にならない子に対して	
6月15日（水）	天気　くもり 出席数　14名 欠席数　2名 理由 のり子　私用 りょう　熱	子どもの姿と保育者のかかわり　記録者（　　　） 室内あそびの際に小さなスポンジを出し、箸をやりたい子のみ使用してみる。あかり、さとしは家庭で使用していることもありきちんと持てていたが、のり子、よしおはやる気はあるがうまく持てず、左手を使い強引に箸に乗せ、お椀に運んでいた。戸外へ全員はだしで出る。嫌がる子はおらず、砂の感触、泥の感触を楽しめているよう。フープ鬼ごっこを行うと、みつ男、のり子、ひろふみは捕まったことが悔しくて泣いていた。		おだてながら……というより、たとえば三輪車の競争（旗を回ってくるとか）や、宅配便やさんごっこなどで『ぼくも三輪車に乗れるようになりたい』という気持ちを起こさせることのほうが重要だと思います。 ひろふみのさとしへの意地悪……よく見て（なぜなのか？）また経過を教えてください。		
	<内容> 自由あそびの際、箸を使ってみる。約束・持ち方を知る。	評価	箸は少しずつ使用したい。7月より持てる子は給食でも箸に移行したい。「悔しい」という気持ちが芽生え、泣く姿も成長のひとつと喜ばしく思う。ひろふみは注意しながら見ていきたい。			
評価	梅雨らしい天候となり、室内あそびが多かったが、机上あそびやからだを動かすあそびを取り入れたことでさまざまな経験をすることができ、よかった。		担任印	検印	園長	主任

38

〔事例2-2-4〕「やっぱこおり鬼したいから怒らんとこうかな」
　　　　　　　─あそびを通して育つ子どもの自律心─年長児クラスの日誌より

子どもの姿・保育者のかかわり	園庭に出て、こおり鬼を始める。 　　　しん、りょうが鬼になってみんなを捕まえている。ごうは鬼から逃げている。保 　　　育者も一緒にこおり鬼をしている。 ご　う：「先生！　ぼくまだ2回しか捕まっていないよ〜」と逃げながら自慢げにいう。 りょう：「タッチ！」 　　　ごうがタッチされ、捕まる。りょうは鬼ではない子にタッチされてごうが逃げな 　　　いように、ごうのまわりから離れようとしない。 ご　う：「ずるやよ！」とりょうに怒る。 　　　りょうは、何のことだかわからないというようす。 保育者：「何がずるやったの？」 ご　う：「だって、ぼくにほかの人がタッチできんようにしとったもん」 保育者：「鬼さんがごうくん逃がさんようにしとっただけじゃないの？　ずるじゃないと 　　　　思うけどな〜」 ご　う：「ずるやもん。だってぼく逃げれんもん。先生文句ばっかいうがやったら、入っ 　　　　たらだめ。男だけでするもん」 　　　近くで聞いていたかずやが来て、 かずや：「こおり鬼みんなでやったほうが楽しいよ」 ご　う：「だめなが。ぼくのゆうこときかんなん、したらだめ!!」 　　　そのあとも保育者に怒りをぶつける。 かずや：「みんなでしたらいいのに」とぼそっという。 　　　ごうは怒って、築山に登り座る。しばらくみんながしているのを見ている。 ご　う：（やっぱ楽しそうやし、やりたいな）「休憩おわり〜」 　　　と降りてくる。走って逃げていく。鬼が追いかけていく。 　　　りょうにまた捕まる。またごうを逃がさないように、りょうはごうから離れない。 ご　う：「助けて〜っ」と手を伸ばし、助けを求める。 かずや：「タッチ！」とタッチしてもらい、また逃げていく。
評価	鬼に逃がされないようにされたことが本児にとっては許せない。受けとめられないと いうところから葛藤が生まれた。築山に登り、みんなのようすを見渡せるところに行く ことで、<u>自分と同じように捕まっている友だちがどのように対処しているかを見ること ができた。そうした時間で、本児は怒っていた気持ちを落ち着け、『友だちとやっぱりあ そびたい』と思い、友だちがしていたことを受け入れ、再びあそびに戻っていけたのでは ないか。</u>自己本位な考えを押しつけようとしていたが、結果的に友だちの考えに調和し ていったといえると思う。本児にはこういった葛藤経験がまだまだ必要であり、今回の ように保育者と話をしていく援助も必要だと思う。そして本児が相手の考えを受け入れ、 あそびに戻っていけたことを保育者が認めることばがけがあればもっとよかったのでは ないか。あそびに戻るきっかけとして「休憩おわり〜」ということばを使う表現力は素晴 らしい。

〔事例 2-2-5〕3歳児クラスの日誌

6月26日 木 曜日					天気	晴	室温	24	温度	68	担任		園長	
出欠席	男	女	計	欠	欠席児									
	12	12	24	0										

視診	みつお―昨日家庭で後頭部を打った。		
主な活動	誕生会	ねらい	<u>6月の誕生児を祝い楽しい時間を過ごす。</u>
		留意点	立ち上がり見ようとする子どももいるため、うしろの友だちが見えなくなってしまうことを伝え、座って見られるようにしていく。

<自由記録>
登園してきたふみ子に「今日お誕生会だよ」と声をかけると、
ふみ子「えっ！ ふうちゃんの誕生日？」
保育者「ううん。今日はまなちゃんとごうくんだよ」
ふみ子「あ〜！ ふうちゃん、こないだやったもんね、もう4歳だもん。うふふ」
と答える。なな子にも伝えると「ななこの？」と聞く。
保育者「ううん。まなちゃんとごうくんだよ」
なな子「そっか〜 ななこ5月！」と答える。ひかりに伝えると「ひいちゃんの？」
保育者「あははっ！ 今日はまなちゃんとごうくんだよ」
ひかり「ひいちゃんはあそこ（クラスの誕生表を指差す）」
保育者「"9"のところだね。誕生日楽しみだね」と答えた。もも子にも「今日誕生会だよ」と伝えると「ももか？」とやはり答えた。

← どの子どもも、3歳児らしい自己中心性を表わし、発達の姿が楽しくとらえられています。が、「ねらい」は6月の誕生児をお祝いしてあげることです。誕生児が、この日の誕生会を経験し、どんな輝き、育ちが見られたのでしょうか？ やはりそれについても記述してほしかったと思います。

<評価>
　自分の誕生日を楽しみにしている子どもたち。必ず自分の誕生日？ と聞く姿に思わず笑ってしまう。誕生日がよいもの、嬉しいものとわかっているので、一人ひとり誕生日をお祝いして、祝ってもらう嬉しさを知り、相手の誕生日もお祝いしようとする気持ちにつなげていきたい。

<個人記録>
ありさ―口げんかになった際、負けることがない本児。必殺技は「そんなこというと○○ちゃんのママに電話しちゃうよ」「○○ちゃんのママがお迎えに来たらいっちゃうよ」「ありさのおうちに呼んであげないよ」とこの3つで他児が何もいえない状態をつくる。
　　　　この3つではなく、<u>本当に伝えたかったこと（嫌だった理由）を伝え</u>られるように、気持ちによりそいながら仲介している。

40

〔事例2-2-6〕友だち関係を視点にした3歳児クラスの日誌
〈その1〉

		子どもの姿および保育者のかかわり	園長印	主任印	記録者印
10月31日水曜日	天気　晴れ 出席数　16名 欠席数　1名 理由 　なな子　風邪	室内でふたり一組で船こぎ競争を行う。保育者の「友だちとふたりで手をつないで」の声かけに、今までは近くの友だちと手をつないでいたが、「○○くんとつなぐ」「○○ちゃんと一緒につなごう」と、自分の中での好きな友だちが決まってきているようだ。競争を始めていくと（2回戦）、とおる・よしえペアが反則をしてしまったが、2回目はルール通りに行って、3番目になることができた。"反則をしたから失格"というと、落ち込むふたりだったが、3番になれたときに、保育者「ちゃんとルールを守って、あきらめなかったからゴールできたんだね」と、みんなの前で話すと、ふたりともとても嬉しそうに、ハイタッチを交わして喜んでいた。みつお・さと子ペアは、みんながゴールしてもまだスタートから半分と、だんとつビリだったが、勝ち負けよりも一緒にやっていることがただ楽しくて、「一番最後になっちゃったね」「でも楽しいね」と、勝ち負けに必死のほかの子と違い、ビリだけれど終始笑顔のふたりが印象的であった。あつし・はなペアは2回戦とも優勝。勝ちを共に喜び合ったことが嬉しかったのか、それがきっかけで戸外へ出ると、まずふたりで一緒にスベリ台でくっついて滑っていた。			
	＜内容＞ 　一緒にあそぶなかで、友だちのよいところに気づいていく。	＿＿＿＿の箇所、子どもたちの心の動きや育ちをとてもよくとらえています。			
		評価	"仲良しの友だちをつくるためには、楽しいことや嬉しいことを共有する"。まさにそのとおりだと、あつしとはなの姿を見て感じた。競争をきっかけに「一緒にスベリ台やろう」と発展したので、友だちと何か協力したり、一緒に取り組むことを繰り返すことが大切だと思う。		

（コメント）　自由活動のとき3〜4歳児は好きな友だちを見つけ、一緒にあそぶようになっていきますが、それだけでなくみんなで一緒に活動する（一斉活動）のときも、「友だちを見つけ共にあそべるようになってほしい」という保育者の願いがよく伝わってくる活動になりました。2人組になって友だちと力を合わせて目的を達成することも、この時期の友だちづくりに大きな意味をもっています。

〈その2〉

		子どもの姿および保育者のかかわり
11月2日金曜日	天気　晴れ 出席数　16名 欠席数　1名 理由 　さと子　水痘	だいご、けいたろう、ゆずき、ちひろ は、工事ごっこでの経験を通して、あそぶことも多い。ダンプカーやスクーターの乗り物に乗っての走行では、だいご が仕切っていることが多く、とくに主張の弱い けいたろう に対して、「何でそうなの！」「それ違うから！」と、きつい口調でいい、けいたろう が「だってけいくんこれやりたいんだもん」と主張しても、「もうけいたろうくんなんてしらない」と、自分の思い通りにならない けいたろう に腹をたてている。保育者が仲立ちに入り、「だいちゃんがこうやりたいように、けいたろうくんだってこうやってみたいんだよ」だいご「けいくん言う通りにしてくれないから、もういやだ」保育者「じゃあふたりが一緒にあそぶにはどうしたらいいかな？」と話すと、だいご も涙をこらえ けいたろう の主張を尊重し、譲ることもできるが、保育者が仲立ちに入らないと、だいご の一方的な主張で終わってしまうことが多い。今はまだ けいたろう も だいご のことが好きでよくくっついてあそんでいるが、ふたりでの間での力関係が何となくできてしまっている。
	＜内容＞ 　互いの思いやイメージを伝えるなかで、仲良しの友だちの思いに耳を傾けようとする。	評価　けいたろう は だいご に対して自分の意見はいうが、だいご が一方的に聞き入れず、強い口調で圧倒してしまう。対等な関係が築いていけるよう、だいご にも自分の思いだけがいつも通らないことや、一緒にあそぶためには、友だちとも折り合いをつけなければいけないことを体験させていかなければいけない。

（コメント）　友だち関係ができてくる過程でよく見られる姿です。"一緒にあそんでいるから大丈夫"と思ってしまわず、どういう関係になっているのか？　を見届けていくことが大切なことを再確認できる日誌でした。

第2章　日誌の書き方　その実際　41

〔事例2-2-7〕4歳児クラスの日誌

子どもの姿やはたらきかけ	考　察
いすに座るよう指示し、これからの活動内容を話す。いくお、さり、あきおらは話を聞く姿勢が身についておらず、話をしている保育者の目も見ようとせず友だちにちょっかいを出す。もちろん話の内容は理解できていない。㋐/ 　楽器あそびは「でんでんむし」「きらきら星」の2曲のリズム打ちをしたが半数の子が興味をもち、正しく打つことができた。 　かくは、与えられたカスタネットが嫌だという理由でやろうとしなかった。㋑/みねおはカスタネットでもやる気があり一生懸命に行うのでほめて自信をもたせた。	30分以上の長い時間であったので、楽器を替えたりして飽きさせないように行うが、やはり能力の差がはっきりと表れる。㋒/ 　今回はカスタネット、タンバリン、トライアングルだけだったが、もっといろいろな楽器を使い、楽器あそびの楽しさだけでも味わえるようにしたい。
―園庭に出てあそぶ―（省略）	

（コメント）
・まず、4歳児のこの時期の楽器あそびのねらいを明記しておくことが大切です。それが記述されていないため、楽器あそびへの意図が伝わってきません。「いろいろな楽器の音色を楽しみ、楽器の正しい扱い方を知る」とか「自由なリズム打ち、拍子打ちなど、いろいろな打ち方を知り、楽器ごとに分担して合奏する」など、どういうねらいをもって活動が展開されているのか保育者のねらい（意図）がわからないため、評価につながりません。
・㋐ ㋑の否定的な書き方、㋒の能力評価が気になります。話を聞けなかった子ども、カスタネットを嫌がった子どもにどのように対応したかこそ記述してほしいところです（日誌の一番重要な本質的な要素です）。
・一斉活動をするときには、子どもたちの必要感や自由感を大切にすること、また活動のテーマは、多くの子どもたちにとって興味や関心があること、みんなで楽しんで取り組めそうなことを題材にするということも重要です。"楽器あそびをしたい"という動機育て、導入が考えられるとよかったと思います。
・評価の視点のひとつ、保育者の子ども理解やかかわりは適切だったかどうかを振り返ることがポイントです。ぜひ、日々の日誌にその視点を入れて記述してほしいと思います。

〔事例2-2-8〕5歳児クラス（設定保育）の日誌

2月5日　火曜日 天候（曇）	在籍児童数	出席児童数	欠席児童数	記録者		園長印	
	25人	21人	4人				

今日のテーマ：ねらいや配慮	活動の展開
◎氷ができる面白さ、不思議さに関心をもつ ◎氷あそびを通して氷の性質や気温との関係に気づく 環境構成と配慮 ・子どもたちが園庭の小さな池の氷を発見し、あそんでいた機会をとらえ、自分たちで氷を作ってみようと促す。 ・温度計 ・粒ミルクの空き缶、卵の容器、いちごのパック、プリン容器、発泡スチロールの惣菜容器、洗面器、たらいなど……準備し、自由にあそばせる。 ★活動の継続として 氷の穴開けあそび、型押しあそびのため、ストローやひもを用意する。	先月から、園庭の隅にある小さな池の氷を取って、宝物でも発見したように大喜びで見せ合っていた子どもたち。 　のぞむとりょうたちは、その氷をバケツに入れてベランダに置いていたが、いつも昼頃には溶けてしまい、悔しがっていた。そこで今朝はいつもより厚く張った氷をみんなに見せ、「どうして氷が張ったのかしら？」と問いかけてみる。たかし「寒かったから」、しんや「冬だから」、まさる「池の中に水が入ってたから」という答えが返ってくる。 保育者「寒かったらほんとに氷ができるかやってみようか」と話し、ひとりずつ容器に取水させ、氷ができそうなところはどこかしら？　とそれぞれに考えさせ置きに行く。 保育者「寒いってどれくらいの寒さなの？」と聞いても「わかんない」。ほとんどの子は園内で最も寒そうな裏庭や池のそばに置いたが、ひかり「先生、保育園には冷蔵庫ないの？」と聞きにくる。まさるは室内の流しの下に置いている。食事のあと、待ってましたとばかり園庭に出て見に行くが、「まだできていない」。夕方も「いつになったらできるんだ」と、半ば怒ったように見に行っていた。明朝に楽しみをつなげることになる。
個人記録　・たかしは水道の水より池の水のほうが早く氷になると信じているようで、池の水を汲みに行く。 ・卵の容器に水を入れたきょうこはふたをしてホチキスでとめる。 ・えりは惣菜容器を広げ、両方に水を入れる。	＜評価＞寒くなると氷ができるということは、どの子もわかっていたようだが、気温との関係に至っていない。氷ができそうな場所を探し、いろいろなところに置いていたので、明日からはどこに置いた水が氷になっていたか、気温との関係や容器との関係に気づかせ、できた氷でいろいろなあそびを楽しませたい。 　氷ができなかった子どもにも、氷あそびができるよう準備する必要がある。

（コメント）

・日誌の様式はおもな活動ばかりを書くことが求められているため、あまり適切ではないかもしれません。ただし使いようで「今日のテーマ」というところを、たとえば「自由あそびの充実」というように書き入れていけば、園生活のさまざまな保育展開を書けるようになるかもしれません。

・氷作りに関心を示さなかった子はいなかったでしょうか。そういう子どもとのやりとりを書くことも忘れないでください。

・リアリティのあるねらいが立てられているため、評価の視点もはっきり記述されています。

第2章-3 異年齢クラスの日誌

異年齢保育のさまざまなかたち

　異年齢保育といってもいろいろな生活の仕方・営み方が考えられます。ひとつは、園のすべてが子どもたちの生活の場であることを共通認識し、年齢別のクラスはあっても、そのクラスの壁を取り払い、子どもたちがどこでも自由にあそべるよう環境を構成し、そこで生まれる異年齢のかかわりを大切に育んでいく保育です。各保育室は、造形活動を楽しむ場、ごっこあそびのコーナー、積み木やブロックなど構成あそびに取り組む場、絵本や手先の仕事（編み物や織り物）など静かに過ごせる部屋など、子どもたちは登園すると自分の行きたいところを選択し、たっぷりとした時間のなかで、そこに集まってくる異年齢の子どもたちとのしぜんな交わりを体験します。もちろん園庭に出るか否かも子どもたちの選択です。いわゆる活動ステーションを拠点にした異年齢保育です。

　もうひとつは、3歳〜年長児までの異年齢グループをつくり、担任とその生活の拠点としての保育室がセットで、生活を営んでいく保育システムです。しかし多くの園では、異年齢グループを構成していても、発達がより近接している同年齢クラスの保育も並行して行うというふたつの側面を組織し、進めているところがあります。ほかにも週の数日を異年齢グループで生活し、あとの数日は年齢別のクラスに戻って過ごすというようなやり方もあります。しかし、この方法は子どもたち自身の生活の見通し、流れができにくいというデメリットが大きいようです。ここでは異年齢の生活グループによる保育を行っている園での日誌を紹介します。

　年齢差、育ちの差がある多様な子ども同士のかかわり合いのなかで、憧れたり、怒られたり、教えてもらったり、やさしくしてあげたり、異なる年齢・発達の違いがあればこそ共に生活する意味があります。異年齢保育をなぜするのかという保育者のビジョンや、意欲こそが日誌の内容を意味づけていくように思います。ともすると、年長児にまだ最年長としての自覚や自信が育っていないのに、保育者から「年長さんは小さい子にやさしくしてあげてね」などと一方的に小さい子どもの世話をすることを押しつけてしまい、せっかくの異年齢での触れ合いから始まる子どもたちの生活の意味、自分たちとどういう点が違うのか、自分たちが簡単にできてしまうことでもなかなかできずに困っている……、そういう

子に自分たちは何をしてあげられるのか？　手を貸したら喜んでくれた、（なかには自分で！　といってお手伝いを拒む子もいる）どうすれば喜んでくれるのかな？　おとなのボランティア活動のように、人が喜んでくれることは自分も嬉しい。喜んでくれる人の存在が、自分の生活の喜びや価値を支え意味づけてくれるという発見。時間をかけて異年齢の子に触れながら子ども自身がつかみとっていく喜びを、おとなの押しつけで奪ってしまうことは

ないでしょうか。

　日誌は1週間分を1枚の紙に記述していく週日誌と、毎日1枚ずつ違う用紙につづっていくものがあります。そのほかに年齢別の保育を簡単に記述する用紙が作成されているところもあります。以下、実際の日誌の例を見ながら、保育者の視点、異年齢保育での課題点、あるいはそこで育つものは何か？　など意味のある書き方をつかんでいただければと思います。

〔事例 2-3-1〕6月18日（水）ゆり組（異年齢グループ）

初めて年上の友だちにぶつかってけんかしたまさし（3歳）のこと	
作った家を壊される悔しさ	まさしは、押し入れの前に、マットで囲いを作り、「お家だよ」といってあそんでいた。保育者が「いい考えだね」とほめたからか、まさしが、日ごろけんかなどしたことがないおとなしい子だと知ってのことか、（同じ縦割りグループの）ふみおとゆうじ（共に年中児）は「なんだこんなうち」「すぐ壊れちゃうんじゃないの」といいながら手でマットを押したため、家が壊れてしまった。まさしは悔しそうに、泣きながら手を出したふみおにかかっていった。まさしが年上の友だちに向かっていくなど初めてのことだった。担任の私は、我慢してしまうのでなく、相手にぶつかっていくことはいい体験になると思い、少し離れたところでようすを見ていた。年中のゆうじは、まずいことになってしまったという表情でチラッチラッと保育者のほうを見ている。ふたりはつかみ合ったままだが、ふみおは相手が3歳児ということもあり手加減しているようで、押し合っていてもなかなか変化が見られなかった。5～6分たった頃、私がふたりの間に入って話を聞こうとしたが、まさしは泣きじゃくって話を聞くこともできない状態だった。するとふみおが「ごめん……」とまさしにあやまる。ゆうじは「ちょっと触っただけで壊れちゃったんだよな」とふみおを慰めるようにいう。まさしはその後、食事になるまでずっと泣いていた。よっぽど悔しかったのだと思った。
考察	せっかく作った囲い（家のつもり）を壊された怒りや悔しさを、まさしが年上のふたりに思い切りぶつけたことで、ふたりがあやまってくれた。真剣にぶつかっていったまさしの激しい感情の高ぶりが、お互いの気持ちの接着剤になったのかもしれない。ふみおとゆうじのふたりも、壊してやれというより“なんだこの家は？　へんな家”という小さい子のやることを、ちょっとからかうような気持ちで触っただけだったのに壊れてしまい、ほんとに困ってしまったようだ。異年齢のかかわりにはこんなことはよくあるのだが、必ずしも保育者がかかわらなくてもお互いの歳の差など感じ取って、いつの間にか解消できることもあると思った。

第2章　日誌の書き方　その実際　45

〔事例2-3-2〕週日誌の例（○○保育園）

4月　第4週　　保育日誌　　　　　（異年齢）クラス　こあら　　（年齢別クラス）3歳児

園長印（　）　主任印（　）　担当印（　）

	23日(月)	24日(火)	25日(水)	26日(水)	27日(金)	28日(土)
ねらい	・好きなあそびを十分に楽しむ。 ・身近な春の自然に興味をもち、あそびに取り入れてあそぶ。					
生活・あそび	○興味別活動 構成：積み木、パズル、折り紙 造形：こいのぼり作り（手形押し、切りばり、のり付け等） ごっこ：ままごと、電車あそび 運動：サーキットあそび（ジャンプ、丸太渡り、ケンパ、鉄棒ぶら下がり、砂あそび、三輪車、リズムあそび　5歳児の似顔絵） その他：母の日プレゼント作り（3歳児 メモリップ、4歳児 小物入れ、5歳児 お母さんの似顔絵）	・5歳児 クッキング（よもぎ団子） ・4歳児 散歩（五郎島公園） ・3歳児 散歩（〃）			・5歳児 散歩（五郎島公園） ・4歳児 〃 ・3歳児 〃（太郎鯉）	
	・5歳児 体育教室（月1回） ・4歳児 体育教室（〃） ・3歳児 絵の具					
	天候 晴れ　室温22℃ 出席17人 欠席2人	天候 晴　室温20℃ 出席17人 欠席2人	天候 晴れ　室温21℃ 出席16人 欠席3人	天候 晴　室温22℃ 出席19人 欠席0人	天候 晴　室温21℃ 出席17人 欠席2人	天候 晴　室温22℃ 出席5人 欠席14人
		（略）	（略）			（略）

準備物・援助事項：
・気温が上がってきて、花壇の水やりも必要になってきている。これまで同様、お米のとぎ汁を使っての水やりを子どもたちと行えるように、給食の先生にお願いしておいたり、必要な道具を準備しておく。
・咳や下痢、微熱や嘔吐など症状を増えてきている。子どもの体調の変化をより気にかけることとし、下痢の時は手を洗い、うがい等感染が広がらないよう努める。症状が見られた場合は、早めの受診を保護者にお願いしていく。
・こいのぼりの準備をしていく。

保育の実践と反省（23日）：

年齢別活動（3歳児）
〜絵の具の使い方について〜
進級児は、絵の具を見るとすぐに「絵かきたい」と口々に言い始めるほど絵かきが大好きである。いつもとはちがって、バレットを使うことなど、ときとは違って、筆で色をまぜると“あー”と一緒に絵の具を出した。絵の具を使って“大きな部屋”“小さな部屋”になったり、違う色をまぜると“あー”と不思議そうな声が出て、絵をかくことに興味をもっているようだった。絵の具を見た子どもたちは、実際に絵の具の面白さを伝えていくことは必要だと、早く描きたいという思いも強くなるような様子だったようにも思う。

この週に描画に入っていたのが実現。もう少し計画性をもって。

保育の実践と反省（26日）：

＜ジャンケンポッくリグダをヨリグダ＞
園庭のサーキットのコーナーにケンパパ丸太渡りを設置していると、【こうた】（4歳）が3歳児のスコップや砂場の遊具を投げたり、ネックレスに行った。何かが思いかあって、【ひろ】のをとろうとするのを、少し見ていた（年長児）が“ジャンケンポッくリグダをヨリグダ！”と私と私の歌うと、【同じてるの】と止めがしはじめてるのを、【同じてるの】という表情で、【こうた】は「まずい」という表情で私を見ていた。私もあまりにも止まらないのでこどこへ行く。【こうた】の行動や加減なるときには、ケンパをするようにと私をうながら、ケンパをする子どこへこどに気を貫いてしまうようなことに態度が先に出てしまった。…私も思い、でも危なくことにしまっている。【ひろた】の跳びぶつのにも合わせて歌っていると、なんてどうだろうというに【ゆうだ】も来てケンパして、サーキットして歌っていき、歌のリズムにのっていくったときの気持ちも楽しんでいくってったと思う。リズムにのって跳びはねると、繰り返し繰り返しのリズムが合ってきたとかがて見ていた。上手になったな、あそびだな、面白いな、という思いがもっているかもしれない。

＜ことばのかけ方"何してるの"＞
園庭であそんでいるとき、かもめ号を見る【こうた】（4歳）が3歳児の遊具を投げたり、ネックレスに行った。何か思いかあって伝えようとするのを、少し見ていたので、「同じてるの」と声をかけに行く。【こうた】は「まずい」という表情で止まらないので、私はあまりにも止まらないのでこどこへ行く。【こうた】の行動や加減なるときには、ケンパをするようにと私をうながし、【こうた】にこどに気を貫いてしまうようなことに態度が先に出てしまった。…でも危なくことにしまっている。思って【こうた】とあそんでいたのに「入らない」という子どどもとかやってしてきた。「同じてるの」とあそんでいたのに、こどこへ行くなかった。【ゆうだ】と一緒に考えていった。結果的には受けとめなかったが、伝え方手段もあってほしくない思い、なんてどうだろうという【ゆうだ】にとってどうだった、初めの声かけが、「またた」という思いがもっていってのでは…と振り返らなければいけないですね。

主任コメント欄：
・さり気ない誘い方がいいですね。
・タイトルがついている
　週3回位
　10：45〜11：30頃までになっている。
・子どもの思いや、自分のかかわり方を振り返ることは、次の子どもとのかかわりの場面につながっていくので大切ですね。

個別の記録・その他：
B子（ロタウイルス）（嘔吐）
S男（嘔吐）

〔事例2-3-3〕異年齢クラス＋年齢別クラスがある週日誌（○○保育園）

7月　第1週　保育日誌

		異年齢クラス　うさぎ			年齢別クラス　4歳児				園長印（　）　主任印（　）　担当印（　）
		2日(月)	3日(火)	4日(水)	4日(水)	5日(木)	6日(金)	7日(土)	

ねらい
・好きなあそびを通して、気の合う友だちと一緒にあそぶ。
・七夕の由来を知り、興味をもつ。

（担当印欄）
・友だちのあそびに興味をもったり、うまく入れず戸惑っているときには一緒にあそべるように誘ったり声をかけたりしていく。
・七夕に関する絵本や紙芝居等を取り上げて、七夕の行事に親しみをもてるようにする。

生活・あそび

○興味別活動
・構成：積み木、パズル、折り紙
・造形：七夕の笹飾り（短冊、ちょうちん作り、輪つなぎ等）、描画
・ごっこ：ままごと、電車あそび
・運動：シャボン玉あそび、泥んこあそび、三輪車、リズム（たなばたプール開き）雨：遊戯室でサーキット
・その他：歌の会（11時～）

・5歳児　梅ジュース作り
・4歳児　笹飾り作り
・3歳児　身体計測

・5歳児　笹飾り作り
・4歳児　〃
・3歳児　〃

・5歳児　農園活動　わらべうたあそび
・4歳児　興味別活動（11時15分まで）

・七夕コンサート　集い

準備物・援助事項

天候・室温・出席：
2日(月)　天候 晴れ　室温26　出席18人　欠席0人
3日(火)　天候 曇雨　室温26　出席18人　欠席0人
4日(水)　（略）
5日(水)　天候 晴れ・曇　室温26　出席16人　欠席2人
6日(金)　天候 雨　室温17人　欠席1人
7日(土)　天候 雨　室温26　出席2人　欠席16人

保育の実践と反省

今日は身体計測。5歳児が10時半～梅ジュース作りに取り組むため、今回は年齢別クラスでの計測を行った。4歳児は身体計測後、上手に出かけていくとりを子どもに紹介をしてから年齢別に分かれ、園庭に出て過ごした。近くタワープールに出ていることや、家庭での願い事をというこ、自転車あそびをしていることや「プールで泳げるようになると思う」といったことや「補助輪をとって自転車に乗れるようになる」「ブーンと起きてできた子どもたちを驚きながらも嬉しそうな歓声を上げる。おやつの時間になると保育者と作ってきた七夕飾りを手早く飾り、部屋にたくさん飾りを飾っておくのとりやは室温で、笹に飾ると室内とは違って道で、たくさんの子どもは興味深々といった雰囲気を感じられた。

＜4歳児活動＞今日から、M中学校の職場体験が始まり、各クラスに2名ずつ入る。10時15分の片づけのあと、異年齢クラスでみんなにお姉さんの紹介をしてから年齢別に出ていみんなで過ごした。4歳児はトイレットペーパーを使って「ロケット作り」を行った。お姉さんも「ロケット作り」について子どもたちが先生がテーブルについて、お姉さんと思い思いに自分なりのロケット作りを楽しめていたようだった。とくに製作をするという雰囲気を感じたみつるは「むずかしいな」と言いながらも「製作は無理！オーラ」を出していたが、保育者がテーブルについていたこともあって、気がつくとだんだんこだわりのある紙テープの色に下にとても仲良く一緒に作る「自分のロケット」作りに夢中になっていた。

＜七夕の集い＞マリンバ演奏～おとしのクリスマス会に引き続き、マリンバ奏者のNさんに来ていただきマリンバ演奏会を楽しんだ。今回はNさんとの連弾での演奏。クラッシックの曲や子どもたちになじみのある曲、また、七夕にちなんだ曲を演奏して星にちなんだ曲をクロッタンを取り入れながら演奏してく、ボディパーカッションの実演奏。子どもたちにも簡単なボディパーカッションを教えてもらい、「おもちゃのチャチャチャ」を全員で聴くだけでなく音楽を体からだで楽しむことができた。素敵な演奏会だった。＜雨の散策＞演奏会のあと、傘のある子で園庭や神社に雨の散策に出かけた。枝を振って落ちてくる雨粒を受け止めたり、雨粒を傘に乗せて集めたり、神社では屋根から雨が伝って流れて落ちるさまや、川の流れのようになっているのに子どもが気づいて、指や葉っぱで集めながら楽しんだ。指導案では、雨ならではの発想や遊びやあそびをじっくり楽しむことができた。

りょう：嘔吐の症状がまだ続いているため欠席。

（中央囲み）"気がつく"こ"ど"ではなく"ど"までの本児の心に、どのような動きがあったのでしょうか。

個別記録・その他

よしお（3歳）…母親が紙おむつに頼ってパンツで寝ることに抵抗を感じられていたが、オネショマットに切り替えという意向を伝えた。
かつや（4歳）…保育者からあそびの向きを変えた瞬間に、倒れシートをはって冷却ジェルシートをはっておでこにはって冷やす。大丈夫のようだ。

本当に素敵な演奏会でした。ただ、子どもたちの姿が見られなかったのが残念。

第2章　日誌の書き方　その実際　47

第2章-4　記録の点検と指導

自分の保育を自分たちの保育に

　人は、他人に認められてこそ自分を発見していくことができます。サルトルは「他人を通してのみ自分を知る」といったと伝えられていますが、保育も、一人ひとりの保育者が書いた日誌を他人に読んでもらってこそ、自らの保育の力を耕していくことが可能になります。

　また、ひとりの保育者の実践が、その記録を読む人との共通の課題になり、園全体の共有財産になる、そこに記録の役割があります。読むのは園の保育の要となる園長や主任です。職員同士がよき仲間になっていくためには、職員一人ひとりの考えを職場の仲間や保護者とわかり合う必要があります。その橋渡し役が園長や主任です。記録は、文章化することでそれぞれの考えをほかの人と共有化しやすくするはたらきがあります。だからこそ園長や主任は、職員が日々書きつづる記録に目を通し、まずは職員一人ひとりが子どもたちと織りなす保育を理解し、各クラスの課題をとらえ、みんなで話し合う話題に広げていかなくてはなりません。

共感と補強

　記録を複数の目で見ることにより、読む側の考えを、書く側が自分に取り込むはたらきが生まれます。読む側は、まずは記録から読み取れるよいところを認めてほしいと思います。「認める」という語源は「心に長く留めておくこと」すなわち「見留める」からきています。自分が書いたものを園長や主任に読んでもらい、「この部分、私も同感です」「〜の対応はとてもよかったと思いますよ」「○○君の心の動きをじつによく理解できましたね」などと認めてもらうと、"これでよかったんだ"と再確認でき、保育への意欲や喜びがわいてきます。

　反対に、子どもの姿だけしか書かず、最も大事な保育者のかかわりが書けていなかったりすると、マークや線が書き入れられて、「それでどうかかわったの？」などと指摘され、保育の見直しを迫られます。こうしたマークは、"ちょっと待って""これでよかったの？"と、気づかずに流してしまいそうな大事なことに対して杭を打ち、保育の考えを補強していく役割があります。また、読む側の考えと書いた側の考えが異なるところがある場合、読んだ人が"？"マークを入れることで、

他者の目でとらえた疑問を、もう一度ふりかえって考えてみる機会がつくられることになります。

ほかに、「今日は大方の子は、とてもよくやった」「みんないきいきと活動できた」「～のあそびをとても楽しめた」「あそびが広がり深まった」などと概括的な書き方、とらえ方をしている場合は、「いきいきしていたと思ったその姿を具体的に書いてみてください」などと指摘し、書くことを学び直す機会にします。

今はまた、評価の書き方が最も重要になります。まずは評価の記述の有無を確認し、ない場合はそれをしっかり記述するよう指摘してほしいと思います。また、「反省している」とか「気をつけたい」など決意表明のような記述だけであれば、「どうすれば改善されるかを具体的に書いてください。それが評価です」などとコメントすることで、次からは必ず保育が変わっていくはずです。

いずれにしてもコメントの基本的な姿勢は「10のうち7は引き出し3は押し」です。7割のよいところを認め、3割ぐらいを指摘し、ふりかえってもらえるよう指導することが望ましいのではないでしょうか。

記録の点検によって 育まれる書き手の意欲

(1) 記録を読みコメントを書くこと、それは書き手との対話

あわただしい生活の中でせっかく保育者が記録を書いても、読んでくれる人がいなければ書く意欲はおきません。たとえ読んでもらったとしても、読み手がそれをどのように読み取ってくれたのか、少しでもその感想、意見をもらえると書く意欲は一段と高まります。

保育者だった私が、書くことの意味を感じ、大切な出来事を書き残しておかなければと、これまで書き続けられたのは、読み手の園長先生が日誌によくコメントを書いてくださったからなのだと、感謝の気持ちでいっぱいです。

保育者になった1年目から、日誌の提出をすると園長先生が見て、いつも短いコメントを書いてくださいました。たとえば「○○ちゃんは理由もなくかみつくことがある」などと書くと、そこに下線を引き枠外に「理由もなくかみつくなどありはしないと思います。否定的にとらえずその理由について考え、あとで教えてください」と書かれてきます。『そんなものかな……』とふりかえっていろいろ考えてみると、何らかの気づきがあります。そこで園長先生のところに行って話すと「よく考えてくれましたね。私もそう思いますよ」などと、とても喜んでくれます。また子どもの姿が具体的に書かれている箇所には＿＿＿＿を引き、よくわからない記述には下線に"?"マークがついてきます。それを見て私は「こういう書き方が読み手によくわかる書き方なんだ」「なぜこういう文章は読み手にわかりにくいのか？」など、考えるようになりました。子どもの観

方について書いたところは、「同感！」とか「私はちょっと違う考えですが……クラスで話し合ってみてください」という助言をくださいました。園長先生とのやり取り（対話）を、クラス担任みんなの話題に広げる援助でした。また保育が楽しくなって夢中で書いた日誌には「子どもたちの生き生きした姿が伝わってきて、読んでいて嬉しくなりました」と、たくさんほめてもらいました。

だから日誌が戻ってくるのがほんとに楽しみでした。園長先生が出張などで、日誌がなかなか戻ってこないと『いつ帰られるのか』と、わざわざ職員室の予定表を見に行ったほどでした。書く喜びを与えられたことはもちろんですが、園長先生と書き手との対話、日誌を通して園長先生と保育の考えをやり取りする、コミュニケーションが成立します。

その後、日誌に「○○ちゃんはなかなかあそびだせないでいる」と子どもの姿だけを書いて終わらせようとすると『そうだ、その理由を考えて書かなければ……』と、かつて園長先生がコメントしてくださったことを思い出し、子どもの行為の意味を考えて書けるようになっていきました。日誌での日頃のやり取りが、やがて自己内対話に変容していきました。**指摘されてきたことが、自分でふりかえり考える力になっていきました。書き手と読み手が保育の一端を共にするという〈共同の関係を築きつつ、自分としての独自の考えが養われていった〉のだと思い**

ます。記録を書き、それを第三者に読んでもらって対話してきた積み重ねこそが、私ならではの保育観に育まれていったのだと思います。

保育者が書いた記録に目を通し、簡単一言メッセージを添えること、今は園長だけでなく主任にとっても必要不可欠な業務ではないでしょうか。読んでいるときによく伝わってきた箇所には＿＿＿＿を引く、わかりづらい箇所には下線を引いて“？”をつける。私が主任になったときも、それをしてきました。それだけでも書き手には大きな学びであり、励みになったと思います。

忙しい毎日のなかで一人ひとりの保育者とじっくり話す時間をとることは、むずかしいことです。しかし、日誌にしっかり目を通すことで、書き手の保育者と互いの思いを交流できるのです。対話というのはお互いの異なる考え、価値観をすり合わせる行為です。そこで相手の考えと向き合い、聴き合い、自分なりの保育観を広げていけるのです。一方通行で終わらない、対話が生まれる点検指導をぜひお願いしたいものです。

（2）簡単コメント・ひとつの方法

先にも述べましたが、まず「具体的な記述」が実践記録の命です。具体的な記述とは、そこにいない人にも浮かんでくるように、見えてくるように書くことです。読み手の園長や主任は保育の実際の場面を見ていないことが多いです。見ていない人が読んだとき、

まるでVTRを見ているように、その場面が見えてくる・浮かんでくる書き方です。その具体的な記述に読みながら、決まったサイン（たとえば＿＿）を入れましょう。

よく主任研修などで講師の立場でそのことを話すと「自分の判断が正しいか否かわからないので線を入れられないのです」と、主任の悩みを聞きます。そこで私は「"正しいとか正しくないということではなく、読み手としての私が具体的な記述でよく伝わってくるなと感じたところに＿＿を入れさせてもらいます"と、皆さんに話しておけばよいのではないでしょうか」と伝えています。書き手と読み手のやり取りなのですから。

よく書かれる抽象的な記述例「戸外に出ると子どもたちはそれぞれ好きなあそびを見つけ楽しんでいた」。そのクラスの子どもたちにとって今好きなあそびって何ですか？　担任にはわかっていますが読み手には見えてきません。ひとつでもふたつでも具体的に書いてもらうと、そのあそびが読み手にも伝わってきます。

また適切な介助をした、そのつど声をかけて注意したなどの記述も多く見られます。実際にはどんな介助だった

のでしょう。見えてこないとコメントのしようもありません。どんな声をかけたのでしょう。果たして子どもに聞き入れられるようなことばだったのでしょうか。聞こえてきません。

程よい時間で切り上げた、しばらくたって……とは、果たしてどれくらいの時間経過だったのでしょう？

以上のような具体的でない文言には下線を引き、「具体的に書いてください」と一言。それが積み重なっていくと、保育者にどういう書き方が具体的であるのかということが、よく理解できるようになっていきます。

日誌へのコメントの書き方について

提出された日誌に対するコメントは、赤ペンで直接書き込む方法もありますが、真っ赤になった日誌は、あとで再確認する際に見づらくなることもあります。

最近では、付箋紙にコメントを書き添えて日誌にはりつけ、日誌が加筆修正されたら付箋紙を外していくという方法をとるところもあります。はりつける付箋紙も、大きさや素材（紙だけではなく半透明なフィルム状の物もあります）を使い分けて、効率的にやりとりが進められるように配慮するとよいでしょう。

0、1歳児の個別日誌
その点検と指導
～一人ひとりを見つめ、保育者との信頼関係を深めるために～

　3歳未満児において個別日誌を書く必要性は、保育指針第4章「保育の計画及び評価」から理解することができます。保育指針では、「3歳未満児については一人一人の子どもの生育歴、心身の発達、活動の実態等に即して、個別的な計画を作成すること」とあります。3歳未満児はとくに発達の個人差が著しく、一人ひとりに保育者がどれだけ対応できるかが最も重要な課題です。

　そのためには〔事例2-4-1〕のように、個別のカリキュラムを立案し、実践内容を記録……という、いわゆる「プラン⇒実践⇒記録・評価⇒改善⇒再プラン」というサイクルを生かして保育を展開することがベストです。こうして、日誌で一人ひとりの成長を見届け、理解を深めていく必要があります。

　実際には、大勢の子どもたちが共に生活しています。複数の保育者が共通理解をしながらクラス運営をするには、生活の流れ、環境構成、保護者との連携など、全体的なクラスのようすを記す作業も欠かせません。したがって3歳未満児は、「個別記録を主にし、クラス運営的な日誌を添える」ことが妥当ではないでしょうか。

　ここでは、個別日誌の書き方および点検指導について例をあげながら述べてみます。

限られた狭いスペースにどう書き、どう点検する？

　書くスペースが少なくても、子どもの姿だけでなく、保育者のかかわり、

〔事例2-4-1〕1歳児クラスの個人日誌　　〇〇：具体的記述　　●●：気になる箇所

6月12日　火曜日　天気　くもり　　　園長印　　主任印　　担任印

〈活　動〉戸外で築山に登りからだを動かしたり、探索して好きなあそびを見つける。
〈留意点〉個々の興味に合わせ、一緒に動きながら好きなあそびを楽しませる。

名前	健康状態	子どものようす・保育者のかかわり
まさお 1歳7か月 保育者は"まんま"ではなく"ご飯にしましょうね"というようにしましょう。	良好	担当保育者がほかの子と築山に登っているのを見て、まさおが「いたー！」と大きい声で叫び、登ってくる。登りきると、園庭側を向いてじっと立ち、「あっ」「んあっ」「だだ」など喃語を発していた。築山のスベリ台をすべり、砂場へ向かう。2歳児クラスの子が泥んこあそびをしているのを、横からのぞき込んでいた。給食の時間になり、「お部屋に入るよ、まんま食べるよ」と声をかけると、「んーん、んーん」とリズムよく、「ごーはん、ごーはん」と歌っているかのように機嫌よく歩いてきた。 まさお君のことばにならない音声語をよく聴き、保育者がことばのリズムを心地よくとらえていることが伝わってきます。

自己評価も記述しなければなりません。日誌への記入は、「客観的に自分の保育をふりかえるもの」だからです。

　点検の際は、①子どもの姿が読む側に見えてくるような具体的記述であるか?（その箇所には波線 ＿＿ を）②保育者の子どもへの見方、かかわりが書かれているか?　そのかかわりは適切かどうか?（点検する人の意見や考えを簡潔に述べる）③「反省している」

「気をつけたい」といった決意表明ではない自己評価（具体的な対策を打ち出すもの）が書かれているか?　の3点に注目します。〔事例2-4-2〕の日誌の記入例を見てみましょう。

3歳以上児の日誌 その点検と指導

　保育の営みは、「保育者が目の前の

〔事例2-4-2〕0歳児クラスの個人日誌

9月6日（火）天気　晴れ	名前　かおり　7か月
視診・保健	

生　活	食事：離乳食の中期食を残さず食べる。その後、ミルク100cc飲む。 睡眠：11：20〜12：50 排泄：便　あり （コメント）食事、睡眠、排泄それぞれの結果だけを記述するのでなく、それらの過程を大切に書いてほしいです。
あ　そ　び	うつぶせにすると嫌がるが、保育者が一緒にうつぶせになってやるとよくあそぶ。 ベッドであおむけになっているとき、アーアーとよく喃語を発する。
評価・反省	喃語がよく出るようになった。

⇩

記述内容を見直したもの

生　活	食事：トマトを口にすると、すっぱそうな顔をして口から出してしまう。ニンジンは歯ぐきでつぶしてもぐもぐ口を動かし、飲み込む。かためのおかゆは大好きで催促するように喜んで食べる。 睡眠：ベッドに寝かせてもらうと、「まだ寝たくない」といわんばかりに寝返りをうつが、保育者がそばで静かにからだをさすっていると、10分くらいして寝つく。 排泄：11時　よい便が出る。お尻がきれいになったあと「いちり、にり、さんり、しりしり」のマッサージをすると、キャッキャッと声を出して笑う。
あ　そ　び	うつぶせを嫌がっていたが、保育者が一緒にうつぶせになり、「いないいないばあ」をすると、よく笑い、手渡されたがらがらを振ったりして首を上げ、しばらく玩具であそぶ。ときどき顔を床にぶつけるようにするので、これからは胸にロールタオルを入れてうつぶせを安定させていく。また、足を押して少しずつハイハイを促したい。 喃語を発しながら手足をよく動かす。
評価・反省	保育者が同じ音声を発すると、とても喜び、音声がさらに大きくなる。喃語で語り合う喜びを十分に味わわせたい。保護者にも園でのようすを伝え、より活発に発語を促していくようにする。

第2章　日誌の書き方　その実際　53

子どもたちをどう見ているか?」「見たことに対してどうかかわったか?」を問い続けていくことです。子どもの今のようすが具体的に見えてくると、その子にふさわしい指導や援助のあり方が見えてきます。だからこそ意図または課題をもって見ることが大切です。

54頁の〔事例2-4-3〕、55頁の〔事例2-4-4〕の日誌は、どれも保育者の視点がはっきりしています。保育のねらい(子どもの願いと保育者の願いを重ね合わせたもの)がしっかりあれば、子どもたちを見る視点が定まってきます。

その意味で3歳以上児の日誌は、「プラン⇨実践⇨記録・評価⇨改善⇨再プラン」という一連の営みを連動させて、保育の向上をめざすことが求められます。年中児クラスの日誌はその日のおもな活動(プールあそび)ではなく、朝の自由な活動から保育者の発見、気づきが述べられています。これらから「書くことは何をどう見るか?子どもの見方こそが意味をもつ」ことを学べます。

〔事例2-4-3〕年中児クラスの日誌より

	天気 晴れ	子どもの姿 および 保育者のかかわり	園長印 主任印 記録者印
7月30日 月曜日	出席数 27名 欠席数 10名 理由	＜朝、園庭でのようす、異年齢のかかわりが見え始めたこと＞　さとし(4歳児クラス)が「せんせい、来てー」と、あわてたようすで、保育者(年長児クラスの担任)を呼びに来る。私(4歳児クラスの担任)も一緒に砂場へ行くと、同じ年中児クラスのみつるが、砂のところを見てあわてている。さとし「先生、何かね、虫がね、ムシムシしているよー」、みつる「何という虫なんだろう?」。虫が裏返って足をバタバタさせ、もがいているようすを、"ムシムシしている"と、ことばで表すさとし。面白いと思った。年長児クラスの保育者が、「はと組(年長児クラス)に虫博士がいるよ」と声をかけると、みつるが走って「りょうたくーん」と、その虫博士を呼びに行く。しばらくして戻ってきたので、私が「名前わかった?」と聞く。みつる「りょうちゃんが、ハナミズキっていってたよ」。私が「ハナミズキって名前なんだってね」と聞くと、りょうた「ちがうよ。ハナムグリだよ」。その瞬間、虫が羽を広げて飛んで行き、さとし、みつる、ほかの子どもたちも空を見上げて目で追うと、木の上に止まった。 ＜プール活動＞　先週、ペットボトルをつなげ、その上に乗ったり、持って浮かんだりしたので、今日はペットボトル4本をつなげたものを、ビート板のように使用し、からだを浮かせ楽しんだ。なぜ浮くのか?　子どもたちに考えさせようと思ったが、それより何よりペットボトルを浮き輪代わりにしてあそぶことが楽しかったようだった。今度は水の入ったペットボトルなども使ってあそびながら、＜浮く、沈む＞ことへの関心を育みたい。	
	＜内容＞ ・プールあそびでペットボトルを使い、浮くことを楽しむ。	評価	年中児が虫について、年長児クラスの子に聞いてみようとする姿、そして、それに答える年長児のようすが、ほほ笑ましかった。この頃、何かわからないことがあると、年中児が年長児に聞きに行ったりする姿が見られること、年長児クラスの担任が、「虫博士がいるよ」といっただけで、それが誰のことをさしているかわかっていたことなど、年中児がだいぶ年長児に憧れをもったり、関心をよせているようすが感じられ嬉しく思った。 年中児クラスのさとしが虫の動くようすを、"ムシムシしている"と表現しているのがユニークで面白かった。

(コメント)　①朝夕異年齢の子どもたちが園庭で一緒にあそぶ姿から、いつの間にか年中児が虫にくわしい年長児は誰なのかなどの情報をつかんでいて、わからないことを聞きに行くなどの交わりが育っていることを、保育者がしっかりとらえ適切に評価しています。保育者の視点のよさが読み手に伝わってきます。
　　　　　　②何を書くか?　ポイントを押さえた簡潔な日誌といえるのではないでしょうか。

〔事例2-4-4〕年長児クラスの日誌より　ねらいと配慮は前日に、その日の日誌を書いたあと記述しておく

| 3月2日（水）

晴れ

欠席なし

（出席　13名） | （ねらい）⇒前日に書く
　戸外で冬から春の季節の移り変わりを感じ取る。
（配慮）
　霜や天候の話をしたり、新芽が生えていることなどに気づかせ、春の訪れを子どもたちがどのように感じているか、子どもたちの声に耳を傾ける。 | 　霜の下りた日は暖かくなることを伝え、春を探しに行こうと、子どもたちに話す。近所の家の花壇にチューリップの芽が出ていたことを見つけた《よしみ》。「あっ、見つけた、チューリップだよね」《たえ》「これから咲くんだよね」と、話している。「あそこの庭にも何か咲きそう」と《みつる》。子どもたちが花壇ばかりに気をとられていたので、保育者が「桜の木やほかの木も見てみよう」と、声をかける。
　すると、《よしお》が「ぼくたちが学校へ行くときいっぱい咲くんだよね」と、入学式と桜の花が結びついているのか、嬉しそうに話す。「桜さん、桜さん、学校へ行くときいっぱい咲いてね」と、《ゆうな》と《ひろし》が桜の木を叩く。まだ花芽は感じられないが、固い芽がたくさんついていることを発見する。《とおる》が「あの木は花が咲きそう」と、大きな声で叫ぶ。保育者が「何の花が咲くのかしらね」というと、《まゆ》が「家の庭にもある！　家に帰ったらおばあちゃんに聞いてみる」という。
＜評価＞
　《よしお》のことばから"春になったら桜が咲き、1年生になる"という季節の切り替わりと、自分たちの生活を結びつけていることを知り嬉しく思った。明日は《まゆ》が「おばあちゃんに聞いてみる」といったことを確かめて、みんなで図鑑で確認したい。そして、新芽が膨らみ、花になっていくようすを、これからもぜひ子どもたちと観察し、喜びをさらに膨らませていきたい。 |

（コメント）　①翌日の保育のねらいなどを、その日の日誌を書いたあと、記述しておくことで「今日から明日への生活の流れ」をしっかりとらえてつなげていけることがいいですね。
②子どもたちの会話が聞こえてくる具体的な記述になっています。子どもたちのことばや会話をそのまま書くことは、保育者の聴こうとする力、聴く関係がより一層養われていくことになります。
③評価の書き方が的確ですね。「子どもたちに四季の変化を感じ取らせること」は、長い時間の流れを認識し、そこに自分たちの成長を実感していくという意味でも、とてもよいねらいだったと思いました。

第2章　日誌の書き方　その実際　55

第2章-5

日誌を園内研修に生かす

保育者などの自己評価を園の評価につなげる

　園長や主任は、日誌を常時点検しながら、次のようなものを抽出して、園内研修（保育カンファレンス）の資料に活用することが求められます。
(1) 子どもの育ちの過程がしっかり押さえられていること
(2) 子ども理解、発見の楽しさを語り合えること：「子ども時代の喪失」が問題になっている現代社会において、「子ども性とは何か？」を理解し、子どもの存在の意味を保護者と共に確認し合うことは、子ども性を回復していくうえで最も重要
(3) 保育者の保育に対する視点や子どもとのかかわりで考えさせられること
(4) 園全体の課題として共通理解しておきたいこと
(5) 保護者にもぜひ伝えておきたいこと（園便りや懇談会で話題にしたい内容）

　こうした日誌からの抽出が、結果的には「今、各クラスでどのような保育が展開されているのか」を理解し合い、その園がとくに大事にしていきたい保育理念など、保育課程を再確認していくことにつながっていきます。自分以外の保育者が書いた日誌を読むことは、各クラスの子どもの育ちや保育の課題を、そのクラスだけの問題として終わらせず、みんなで考え解決していく、言い換えればみんなが自分の問題として一緒に感じ取り、担う姿勢を築くことになります。始めるに当たっては、まずはその保育者のよいところ、よいと思われる日誌を認め合うことを念頭にスタートします。

とらえ直したい「いたずら」の意味

　57頁の〔事例2-5-1〕の日誌は、探索心が旺盛になり、いたずら盛りといわれる1歳児クラスのものです。一定の年齢になれば身のまわりの物がどういう目的で、どういう使い方をするかがわかってきますが、それがまだわからず、周囲にあるすべての物がめずらしく興味深い子どもたち。「これって何？」「触ってみたい」と、もって生まれた好奇心で始める行為、それが結果的におとなを困らせるいたずらになります。それを園として「だめです」「いけません」と止めるのかどうか？1、2歳児クラスの子どもたちの自発性を育む視点からも討議してみると面白いでしょう。

〔事例2-5-1〕継続していく日誌から読み取る子どもの育ち　1歳児クラスの個別日誌より

10月24日　天候（雨）	出席	11名	欠席	ふみ男・みな子

	子どもの姿　　保育者のかかわり	評　　価
みき〈一歳八か月〉	"おむつ取り替えて" 　昨日と今日と2日間、みきは自分のたんすの引き出しを開け、そこからおむつを出して保育者のところへ持ってくる。保育者が「みきちゃん、おむつ替えてほしいの？」といいながら、おむつ替えの支度をすると、自分からごろんと寝転がる。あけてみるとウンチが出ていた。「そうか、ウンチが出ちゃって気持ちが悪かったんだね。今きれいにしてあげるね」と、おむつを替えた。 　今日もまた、紙おむつをたんすから出しサインを送ってくる。「ウンチ出たの？　替えようね」と、いうと、わかってもらえたというような安心した顔で、おむつ替えの布の上にごろん。 　紙おむつをたんすから出してくる行為によって、「ウンチ出たよ」と、意思表示するようになったのかと、感心してしまった。	①自分の要求がわかってもらえると、子どもは本当に安心したような、何ともいえぬ嬉しそうな顔をするものだということ。 ②今までよくたんすの引き出しから中味（下着やおむつ）を、取り出したり入れたり、いたずらをしていたが、その行為が「ここには自分のおむつや着替えが入っている」「自分で入れたり出したりできるんだ」「ウンチが出たらここからおむつを出して先生に取り替えてもらおうっと」など、いろいろなことを感じ、本児なりに学んでいたのだと、驚いた。 　いたずら（探索）がけっして無駄ではないことをあらためて感じた。

「共感」とは何か？

　〔事例2-5-2〕にある日誌は、子ども理解の真髄ともいえる「共感について」がテーマです。

　まだまわりの物やことがらについて理解できていない幼い子どもが、気になってしかたがない事物に出合ったとき、おびえたり、泣いたり、つついたり、さまざまな衝動的と思える姿を見せます。それにおとながどう対峙するか？　物知りを育てようとするのか、本当の探求者を育んでいくのか？　おとなのかかわりこそが意味をもちます。こうした事例は、保護者にも伝え、話し合いたい内容です。

〔事例2-5-2〕たろう（1歳3か月）くんと影

11月7日　天候（晴れ）	出席	13名	欠席	なし

	子どもの姿　　保育者のかかわり	評　　価
たろう〈一歳三か月〉	〈影におびえる〉 　園から歩いて十数分かかる神社に散歩に行く。保育者と手をつないでいた本児が、自分の影を見つけて一瞬後ずさりをし、立ち尽くした。そして、また動きだすと影も動きだすのでびっくりし、全身震わせて泣きだした。保育者が「大丈夫よ、みんなにも影があるんだから」と、いくら話しても泣き続ける。そのあとは、ずっと抱っこで歩こうとはしなかった。帰り道も影を見て泣きだしたので、「たろうちゃん、影が怖いんだね、大丈夫よ、先生が抱っこしてあげるからね」と話すと、今度は泣きやんで抱っこされたまま帰った。ほかの子は誰も影におびえるというようなことはなかったが……。	1歳3か月の本児には保育者がいくら「影なんだから」といっても、「影とは何か？」ということがわかっていなかったのだ。それをことばで教えるという対応をしてしまい、不安を取り除いてやることができなかった。そのことに気づき、帰りは「影、怖いね」と共感することができ、本児も少し安心し泣きやんだのだと思う。
	それから数日後、神社に出かけた際、本児は、自分の影を指さして「あーあー」という。「そう、たろうちゃんの影ね」というと、「うんうん」とうなずいて歩きだした。でも、まだ何となく不安なのか、保育者の手をしっかり握って歩いた。	自然界のいろいろな現象が、幼い子どもたちの情報源となる。一つひとつからだでとらえながら、乗り越えていくのだと思った。

第2章　日誌の書き方　その実際　57

テレビのヒーローごっこ
どう考えていますか？

　子どもたちは、なぜヒーローごっこにとりつかれるのか。子どもたちの心情について考えてみましょう。

　〔事例2-5-3〕のように、確かに、友だちあそびができなかった子が、イメージを共有し合うようになるためにヒーローごっこが役立ったのはよいことです。そのうえで記録を書くことで、『しかし、ずっとヒーローごっこしか楽しめない園生活でいいのか？』、そうした心の声、内なる疑問や不安を意識化し、考え直してみることに意味があります。課題は、「ヒーローごっこだけしか楽しめないこと」にあります。日ごろ、子どもたちが"やってみたい"と思えるような環境構成ができているでしょうか？　ヒーロー以外にも興味の対象はあるはずです。虫探しや紙飛行機を飛ばすなど、この時期の子どもたちが夢中になるあそびを探ってみましょう。

　子どもたちが同じあそびを繰り返すのは「そのあそびが楽しくて仕方がない」からか、「それしかやることがない」からです。前者は、あそびに必ず発展や変化が見られます。しかし後者は、あそびにまったく変化が見られず、いつもテレビでやっている戦いの場面ばかり再現しています。〔事例2-5-3〕で、ヒーローごっこしかしないことを記述している点は重要です。保育者は、子どもたちのあそびをよく観て「何を楽しんでいるのか？」「どんな変化が見られるか？」などをしっかり見届けてほしいものです。

　59頁の〔事例2-5-4〕は、ヒーローごっこをヒーローと怪獣のしっぽ取りに変化させ、保育者が一緒にあそぶ展開を試みています。「もっと子どもた

〔事例2-5-3〕3歳児クラスの日誌　5月18日　＜テレビのヒーローごっこ＞

　ひろし、やすお、ともひろの3人は、朝、顔をそろえると待ってましたとばかりに部屋から廊下に飛び出していき、ヒーローごっこを始める。このヒーローごっこは4月の後半頃からずっと続いている。始めの頃はそれぞれが別べつにいかにも怪獣と戦っているように「エイッ」「トウ」などといいながら、かっこをつけてポーズをとってあそんでいたが、最近は、ひろしとやすおが怪獣役になり、ともひろがヒーローになって3人で戦い合うようになった。ときどき本気になってしまうので、誰かがやられて泣いたり、けんかになったりする。今日はひろしが、ともひろに追いかけられて走っているとき、まさるとぶつかってしまい、ふたりとも大泣きをする。3人のあそびにつられて他児が加わると騒然となってしまうこともある。室内で走り回られると、ほかのあそびをしている子の邪魔になったり、ぶつかったりして危ないので、3人には「お部屋ではヒーローごっこをしないでね、園庭に出たらやってちょうだい」と話す。いわれたときは、しばらくブロックなどであそぶが、また銃などを作り、戦いごっこになってしまう。

　[評価]
　男の子が好きなこのヒーローごっこや戦いごっこをやめさせたほうがよいのかどうか、いつも悩んでしまう。ひろしは、このヒーローごっこで友だちとあそべるようになったのだが、ほかのあそびには興味がなく自由あそびのときはフラフラしていることが多い。やすおとともひろは、ブロックや粘土あそびはよくやっているが、飽きてくるとヒーローごっこになってしまう。とくに3歳児は戦っているうちにその気になってしまい、本気でぶつかってしまうのでトラブルが絶えない。

ちの活動の幅を広げていきたい」と願う保育者の意図が功を奏しました。その後の変化の過程も記述してほしいと思います。

ヒーローへの憧れは？
子どもたちの夢を育むには

昔から子どもたちの大好きなあそびのひとつに戦いごっこがありました。強い者への憧れ、弱者を悪者から助け出すかっこよさ、正義感にひかれたのでしょう。さらに善と悪の対立が、ワクワクと興奮させる要素でした。現在は、テレビの影響を受けて、変身などによって人間以上の「超人」として活躍するようになっています。かつての「桃太郎」は、おじいさんおばあさんが作ってくれた愛情のシンボル、きびだんごを糧に、犬やキジや猿と力を合わせ、山を越え海を越えて鬼ヶ島に向か

いました。強さへの憧れや自分のなりたいものになるという意味では、桃太郎もテレビのヒーローも変わりませんが、どのように敵と戦うか？　ストーリーの山場への過程が異なります。大切なのは、人生には多くの難関があり、それを乗り越える智恵とは「困ったときに、どう打ち破るかを考え、勇気を出してやり遂げること」だと思います。

ヒーローへの憧れが、人間としての智恵や勇気をつかむよりも、変身のかっこよさ、見栄えの強さだけになっていないでしょうか。保育者は子どもたちの夢を育む担い手です。絵本や読み語り、昔話によって、人間としての本当の強さとは何か？　を子どもたちに感じ取らせ、人間らしい成長を遂げる過程（ドラマ）に感動できる子どもたちを育んでいってほしいものです。

〔事例2-5-4〕3歳児クラスの日誌　6月25日　＜ヒーローごっこからしっぽ取りへ＞

先月からヒーローごっこが多かったので、ほかに子どもたちのエネルギーを燃焼できるあそびはないものかと考え、ヒーローのかぶり物を作り、しっぽ取りをやってみることにした。「怪獣のしっぽ取りする者この指とまれ」と保育者がヒーローのかぶり物をつけ子どもたちに誘いかけると、ヒーローごっこをしていた子どもたちも、固定遊具であそんでいた子どもたちも意外な表情で集まってきた（18人中13人）。「先生が○○レンジャーなの？　ぼくもなりたい」と、ヒーローごっこの好きなみつるがいってきたので「しっぽを最後まで取られなかった怪獣が今度は○○レンジャーになるのね」と伝え、「みんなはこの怪獣ね」とルールを伝えながら、ビニール袋に新聞紙を詰めて作った怪獣のしっぽをズボンの後ろにガムテープでしっかりくっつけていく。「へんしーん」の合図で怪獣が逃げていく。まさるは「ガオー、ガオー」としっぽを揺らしながら怪獣のポーズで逃げていく。これまで紙テープをくっつけてしっぽ取りをしたことがあったが、怪獣のしっぽはちょっと重みもあり思うように速く走れないこともあり、必死で逃げる姿が愉快だった。鬼になったヒーローがしっぽをつかむ手ごたえも大きく本当に「取った！」という実感があったようで、「またやりたい！」という声も聞かれとても楽しくあそべた。

評価

ヒーローごっこを、しっぽ取りの鬼ごっこに変えて展開したことで、意外に子どもたちが大勢参加してきた。いつも同じメンバーでヒーローごっこをしている男の子たち5〜6名が、もっとほかのあそびも楽しめるようになってほしいと願い、怪獣のしっぽを取るというしっぽ取りにあそびの幅を広げることができた。これからもしっぽ取りから鬼ごっこへ、ルールのあるあそびを楽しめていくのではないかと思った。

3歳以上児のトラブル
～実践の事実から学び合う～

　園内研修（保育カンファレンス）は、実践の事実（事例）から参加者みんなの力で子どもの真実を発見し、保育を学び合うことです。職員の日誌を点検する立場にある園長や主任は、子どもたちの育ちや願い、悩みや葛藤などが表現されている日誌を検討事例として選び、そこから子どもの理解を深め合い、次への保育の見通しや意味を共通確認していってほしいものです。ここで取り上げた日誌は子どもの「けんか」です。

「けんか」をしなくなった
子どもたち

　私が保育者養成に携わっていた頃、学生が卒論のテーマによく「けんか」を取り上げ、子どもたちの実態をアンケート調査していました。5～6年前も、「けんかをしない子」についていろいろな項目を立て、たずねたことがありました。「けんかが成立すべきときも、相手に向かっていけない、けんかをしない子どもがクラスにどれくらいいますか？」と、関東地方の保育園、幼稚園の4歳児クラスの子どもを対象に聞いたところ、何とその回答率は58％でした。けんかができない子どもがそんなに多くいるということに、衝撃を受けたことを覚えています。なぜならけんかは、互いに自己主張をし合いながら、思いや考えの違いを知り、

その違いを乗り越えて、人とつながり合う、今一番求められる「分かち合い」がなされる関係性を築くために必要な行為だからです。

　私の保育者時代は、子どもたちがよくけんかをし、「まるで敵同士のような憎しみに満ちた目でにらみ合い、負けるとからだを震わせて泣く。その激しい感情の高ぶりのなかで自分に要求があるのと同じように、相手にも要求があることを知り、厳しい対立を経て自分を見つめ相手を知る。けんかでたくさんの矛盾を克服した子どもほど、したたかに育つのではないか」と日誌に書いていました。今、あらためて読み直し、なぜけんかをしなくなったのかをぜひ考えてほしいものです。

事例から、子ども・人間の
多様な側面をとらえる

　61頁の〔事例2-5-5〕のような個別記録では、書くスペースが狭いためどうしても「そのつど声をかけ……」のような概括的な書き方になりがちです。そのうえ評価を書くことが省略されています。なぜ友だちにちょっかいを出すのか？　まずその行為の意味をとらえて評価を書いてほしいものです。そして保育者はどんな声をかけたのか？　具体的に動き、その対応が適切だったかどうかを吟味していくことが求められます。

　61頁の〔事例2-5-6〕の2歳児クラスの日誌には、物の奪い合いや乱暴な行為によるトラブルの記述が多いよ

〔事例2-5-5〕1歳児クラスの個人日誌より　6月17日

> かつとし（2歳0か月）
> 　とくに機嫌が悪いわけではないが、他児にちょっかいを出すことが多かった（押す、物で叩くなど）。そのつど声をかけるが、いまいち理解していない。

（コメント）
　トラブルへの対応として「そのつど声をかける」という記述がとても多く見られます。
　では、保育者はどんな声をかけたのか？　「叩いちゃだめよ」といったのかどうかは定かではありませんが、かつとし君のこんな悩みが聞こえてきそうです。
　（ボクは今、友だちにかかわりたくてしょうがないんだ。でもどうやっていいかわからなくて、ついつい……押したり叩いたりしちゃうんだ。一緒にあそびたいよー、とボクなりにそのつどサインを出しているんだけど……。ボクの胸の内、先生はいまいち理解してくれていないみたい）。
　トラブルの場面で保育者が具体的にどんな対応をしたのかを書いておくことが最も重要です。

〔事例2-5-6〕2歳児クラスの日誌より　7月2日
＜子どもたちの成長ぶりに感動し、お話をつくり語る＞

> 　あつこ（2歳7か月）にはとても気に入っている遊具があった。その遊具で彼女が黙々とあそんでいるところへ、れいこ（2歳9か月）が、「れいちゃんに貸して」といって寄ってきた。「いやっ」とあつこは、はっきりと拒んだ。れいこは、しばらくあつこがあそぶのをうらやましそうに見ていたが、待ちきれなくなって、また、「れいちゃんにも貸してよ！」と声をかけた。「いやっ」。やっぱり同じ返事だったかと思ったれいこは、すぐに「じゃあ、あとで貸してね」と、かなり譲歩した気持ちでいった。ところがあつこは「だめっ、あっちゃんの！」の一点張り。「それじゃあ、あした貸してね」とれいこ。とにかくれいこはあつこを「うん」といわせようと必死だ。それでもあつこは強固である。「いやっ！　ぜったいいやっ」。この一言でれいこはこらえきれなくなって泣きだしてしまった。

評価
　「私の気に入っている遊具なんだから絶対に貸したくない」と主張し続けるあつこにも共感できるし、自分がこれまで獲得してきたことばの中から、何とか相手を説得できることばを探し、奪い取るのではなく、ことばで自分の要求をわからせようと、知恵をしぼるれいこも素晴らしい。
　私は、そのときふたりにしてあげられることは何も見いだせず、ただただ感心するばかりであった。2歳児クラスに進級したばかりの頃のふたりの姿を思い出し、ふたりとも何と成長したことかと……目を見張った。
　容易にゆずれるものではないことを主張するあつこ。せっかく自分の思いをことばで訴えているのに受け入れられず、懸命に我慢しようと自分にいい聞かせるけれども、こらえきれずに泣きだしてしまったれいこ。
　このふたりのやりとりを、私はその日のうちに、お話として語ってみた。パジャマに着替えた昼寝の前、「あるところに、あっちゃんという女の子がいました。あっちゃんは、大好きなトンカチ積み木でトントンって楽しそうにあそんでいたら、そこに、れいこちゃんという女の子がやってきました。そしてあっちゃんが楽しそうにあそんでいるのを見て……」と、こんな調子で話しだすと、ふたりは自分たちのことを保育者が話してくれているんだなと感じ、にこにこしながら身を乗り出して聞き始めた。
　話を聞きながら、あつこは、あそんでいるときには気がつかなかったれいこの気持ちや立場を想像する。れいこも、トンカチ積み木であそぶことが楽しくてたまらなかったあつこの気持ちを思い浮かべる。実際の場面では、気持ちが高ぶって相手の要求を聞き入れようとしなくても、お話になると、子どもたちは聞き入れる耳をもつものである。
　心を動かされた子どもたちの姿をお話にして語ることによって、子どもは、自己の存在感を確かにし、相手の力や立場を知る機会を得るのではないだろうか。

うに思えます。それらの事例を抜き出しながら一つひとつを検討していくことで、子どもたちの描き出す人間関係の面白さが見えてきます。

　たとえばA子とB子の関係では見られなかったことが、A子とC子との関係では激しく表れるなど、かかわる相手によって異なる側面を経験したことはないでしょうか。人とのかかわりのなかからは、子どもの多様な側面を知ることができます。それゆえに「トラブルの対応はこうあるべし」といった安易な考え方は覆されていくことが望ましいでしょう。

　1、2歳児の物や人への執着は、裏返せば、自分のしたいこと、自分の大切にしていた物への強い執着心、すなわち自我の拡大と考えられないでしょうか。むしろ「じぶんの！」という所有感をもたず、物に固執しない子はどういう子どもか？　話し合ってみることも必要かもしれません。

　61頁の〔事例2-5-6〕のあつこのように、自分の必要とする物がしっかり手中におさまる、そんな喜びを体験すると、他人の要求もかなえてあげようという気持ちがわいてくるかもしれません。そのような場合は保育者の介入は不必要になります。トラブルが生じた際は、互いの主張をとことん出し

〔事例2-5-7〕　はなぐみ　3歳児　6月5日　天気—晴れ

ともくんとあやちゃんのけんか	「もう片づけて、ご飯にしよう」と、保育者が呼びかけると、ともくんはさっさと片づけて、まだあそんでいるあやちゃんのところへ行って、あやちゃんのあそんでいる物を片づけ始めた。あやちゃんは、あわてて「だめだめ」と追いかけ、ともくんの足にかみついてしまった。ともくんも怒ってあやちゃんの髪の毛を引っぱり、ふたりはわあわあ泣き出した。私は、泣き続けるふたりが収まるのを待って話を始めた。
保育者の対応	「あやちゃんはどうしてともちゃんにかみついたの？」「だって、ともちゃんがあやちゃんのあそんでいたの、とっちゃったもん！」「ともちゃんは、何であやちゃんのとっちゃったの？」「だって先生がお片づけってゆったから、片づけてやったんだもん」。 　片づけをしなくてはいけないと思ったともくんの気持ちと、もっとあそびたかったあやちゃんの気持ちのズレを、ふたりに知ってもらいたかったのだ。 　しばらくすると、ともくんは気持ちがふっ切れたのか、「もうご飯にする」と、食卓に走って行った。 　その日、午睡に入るとき、あやちゃんは私のところへ来て、「あやちゃん、もうともちゃんの足かまないからね」と一言いうと、にっこり笑ってふとんに入っていった。心からあふれ出た「ごめんなさい」がいえたのだと思った。あのとき、あやちゃんに「かむことはいけない、あやまりましょう」と、責めなくてよかったと、しみじみ思った。
考察	けんかは、始まったところに戻って整理することが重要だ。それは保育者が裁判官になって、どちらが正しいか？　などと判断することではないと思うようになったからだ。けんかの整理をするとき、とくに3〜4歳児は、相手の気づかなかったところを引き出し、つけ加えてことばにそえることが大切だと思っている。事実を事実として組み立てるだけでいいのだ。 　日ごろ「教えるのではなく気づかせる」ことが大切だと自分に言い聞かせていたことを、また、子どもから再確認させてもらったように思う。

合いながら、自分の思いどおりにはなかなかことが進まない体験も必要かもしれません。また、トラブルの場面の検討だけでなく、その後の子どもの事実を追いながら継続した記録をとることで、本来のトラブルの意味が浮かび上がってくるのではないでしょうか。

けんかのあとの子どもの姿を見届けることに意味がある

62 頁の〔事例 2-5-7〕、63 頁の〔事例 2-5-8〕、64 頁の〔事例 2-5-9〕は、けんかを解決したことで終わらせず、そのあとの子どもの姿からけんかをきっかけに子ども自身がふりかえり行為をし、育っていく姿を見届けられたことがよかったと思います。一見価値がないように思われている人間同士の葛藤というものがどんな意味をもつのでしょうか？ 年齢ごとにけんかの特徴や育ちを追ってみたりして、園内で起きたけんかを基に話し合ったことをまとめ、保護者にも向けて発信していただきたいと願っています。

〔事例 2-5-8〕4～5 歳児のけんか　降参の意思表示

　しょうたろう（4 歳）に靴を取られたみき（5 歳）が、「返してよ、あたしの靴返してよ」とさけびながら、園庭でしょうたろうを追いかけていました。はだしでさんざん逃げ回って息切れがしてきたしょうたろうは、持っていた片方の靴をわざと遠くにポーンと放りました。それを見たみき、放った靴は取りに行かず、しょうたろうの靴が脱いであったスベリ台のところに走り寄り、彼の靴をふたつ取るとスベリ台に上がり、「こっちまでおいで」と呼びました。それを見たしょうたろう、あわてて今自分が放ったばかりのみきの靴を拾い、そして、さっき隠したもう一方の靴を取りに石垣のところに走り、といの中から彼女の靴を取り出して、スベリ台のところにきちんとふたつ並べました。『まいった。申し訳ない』のサインです。それを見たみき、『勝利は私』といわんばかりに、嬉しそうに彼に靴を渡しました。

　見ていて何とも爽やかなけんかであることかと、すっかり感心してしまいました。4～5 歳になると、けんかに「知恵くらべ」が加味されます。相手の智恵に「参った」のサインが出せることも大切なことだと思います。力と力のぶつかり合いに対しても、もう自分はこれで限界だ、降参したほうがよいと思ったら、勇気をふるってそれを表すことによって、けんかが終結します。『まいった』のサインを出せないために、いつまでもいがみあっているけんかが何とも多いことでしょう。

　クラスのみんなに、愉快だったふたりのやりとりを伝え、それぞれのよさを学び合いました。とくに、自分が "負けた、まずかった" と思ったとき、何らかの意思表示ができることこそ、勇気のある子どもであること、けんかの潮時がわかり終結させることも、けんかのじょうずな闘い方であることを確認し合いました。

〔事例2-5-9〕5歳児のけんか　口げんか（9月7日）

　　最近子どもたちはことばだけの、ののしり合いをするようになった。今日もしゅうや（5歳）とくにひろ（6歳）は誰に聞いたのか「ばーか、かーばちんどんや、おまえのかあさんでべそ」といった昔からよく子どもたちが口にしてきたけんかことばを言い合い自分の感情を吐露し、互いの思いをぶつけ合っていた。こういう口げんかは、いってしまうと気が晴れるのかすぐ仲直りになる。ところがまさゆき（5歳）は、ひろむたちがやっていたバナナ鬼に入れてもらえなかったとき、「何で入れてくれないのか？」と、その理由を聞こうともせず「もうたのまない。みんな死んじゃえ」と怒って、いってはいけないといわれていたことばを吐いてどこかに行ってしまった。

　　私はまさゆきを追いかけ、「いってはいけない悪いことばがあることを、話していたはずよ」と厳しくしかった。まさゆきは「だって入れてくれないんだもん」とその悔しさを話してくれたが、私は、「ひろむ君たちには何か入れてあげられないわけがあったのかもしれないよ。まずそのわけをきいてほしかった」と伝えた。

〈評価〉

　　口げんかになったとき子どもたちはよく「死んじゃえ」「でぶ」「そんなことできないくせに……」「○○ちゃんなんかいないほうがいい」「ぶたみたい」「おまえの父さんいないじゃないか」といった人の心を傷つけるようなことばを発します。人をできるとかできないと評価したり、相手の存在を否定したり、その子自身でどうがんばっても解決できるようなことがらではないことなどは、けっしていってはならないこと、心が傷つくことばというものがあること、それを暴力のことばというと話してきました。

　　現在はいじめが低年齢化していると報道されていますが、幼児の間でもことばによる暴力はけっして見逃さず、何故それがいけないかを訴えなくてはならないと思います。繰り返し訴え続けると子どもたちはかならずやわかってくれると思っています。

第3章

園と家庭を
つなぐ記録

第3章-1 保護者と心が通い合う連絡帳の書き方

連絡帳の役割とは

連絡帳は子ども理解のドキュメント

　1日の大半を保育園で過ごす乳幼児にとって、保護者の協力なくして保育は成立しません。保育者には、保護者の養育力を支え、子育てのパートナーとしての役割を担うことが求められています。子どもが育つ生活の基盤である、家庭と保育園の24時間の生活の連続性が、子どもの心身の安定にいかに重要かはいうまでもありません。連絡帳は、一人ひとりの子どもの保護者と、子どもの成長を見つめ合う成長記録であり、家庭と保育園をつなぐ架け橋です。

保護者の子育て支援の機能

　連絡帳は、子どもの育ちを確かめ合うと同時に、子育ての仕方がよくわからず自信がもてない保護者にとっては、質問や相談が日常的に気楽にできる子育て交換ノートです。保護者の日ごろの悩みや疑問が連絡帳のやりとりで解消し、精神的にも安定を取り戻すものであれば、子育て支援の機能を十分に果たしているといえるでしょう。

　さらに、70頁の〔事例3-1-7〕にあるように、保育園での子どもたちのさまざまな姿（偏食や排泄の失敗が続くなど）に対して、保育者がどのようにかかわっているのかを連絡帳で伝えます。保育者のかかわりを具体的に書くことで、保護者は、「自宅でもそのように対応すればいいんだ」と気づいてくれます。教えるよりはむしろ気づいてもらえるように、園での保育者のかかわりを書くことが最も効果的な支援になります。

保護者に子どもの心の育ちを伝える

　長引く不況、不安定な雇用状況、長時間保育などにより、保護者の忙しさは、子どもの心のなかにまで目を向けるゆとりをなくしています。保育園があればこそ子どもの思いや願いを語り合い、見過ごしていた子どもの内面に目を向けてもらえる時間が得られます。帰宅して連絡帳に目を通してもらうことで、ゆとりの再生を図ることができます。それも連絡帳の大きな役割ではないでしょうか。

　67頁の〔事例3-1-1〕の連絡帳は、まさに子どもの心の育ちを伝える素晴らしい記述です。

〔事例 3-1-1〕連絡帳の記入例

保育園より（1歳児クラス）

　食後、友だちのえいじ君とふざけっこをしていたひろし君、めずらしく立ったままおしっこをしてしまい、黙って立ちつくしていました。私が「ひろし君、おしっこが出ちゃったのね」といって拭いていると、「ちがう……みず」という返事。「もうぼくおおきくなったんだ。だからほんとはおしっこなんて失敗したくなかったんだ……」と訴えたかったんでしょうね。ひろし君の心に大きくなった自分を主張したい自尊心が芽生えてきたことを感じました。

　だから私も「そう、お水が出ちゃったのね」といって拭き取りました。2～3歳にかけ、子どもたちの心に「おにいちゃんになった自分、大きくなった自分を認めて！」という思いが広がってきます。おとなからそれを認められることで、「自分の気持ちが大切にされた」と感じ、人の気持ちも大切にしたいという思いが、育っていくのだと思っています。

　心に残る一場面でした。

（コメント）

　保育者はひろし君の自尊心の育ちを、大切に受けとめています。ところがもしひろし君が家でおもらしなどしてしまうとどうでしょうか？「またおもらしして！　そんな子は、おむつにしちゃうから……」などと、つい子どもの自尊心を傷つけるようなことをいってしまいがちです。しかし、保育者が温かいまなざしでわが子の心の育ちを見ていてくれることに気づけば、保護者は家庭で排泄の失敗をしたときも、しかるだけでなく、失敗したくない気持ちを思いやることができるようになるのではないでしょうか。また、「先生は子どものことをよく見ていてくれる」と感じ、そのことが保育者への信頼になり、保護者が自分の子育てを省みるきっかけや励みとなるにちがいありません。書くことは「目に見えない心の動きをとらえること」です。

　子どもの心の育ちを理解し、ぜひ連絡帳に記してほしいものです。それがゆとりの再生につながるのだと思っています。

保護者との相互信頼を育む連絡帳の書き方

子どもの姿や育ちを効率的かつ具体的に書く

　保護者が連絡帳で知りたいことは、「うちの子は、今日保育園でどんなことをして過ごしたのかしら……」という、園での子どものようすです。連絡帳にはまず、その子の姿が見え、浮かんでくるように具体的に書きましょう。抽象的、羅列的な書き方ではイメージできません。

　また、誰にでも当てはまるような書き方になっていませんか？　連絡帳は、保護者と保育者が共に手を取り合い育んでいくものです。その子ども自身のことが見えてくるように書いてほしいものです。あなたが保護者だったらどういう記述を嬉しいと感じるでしょうか。〔事例 3-1-2〕〔事例 3-1-3〕を参考に考えてみましょう。

〔事例 3-1-2〕具体的でない記述

保育園より（2歳児クラス）

　天気がよかったので、今日も園庭であそびました。友だちと庭を走り回ったり、ブランコに乗ったりしてとても楽しそうでした。

（コメント）

　友だちは誰だったのか、具体的に名前をあげて書いたり、友だちができてきたこと、その友だちと一緒にあそぶ楽しさを味わえるようになったことなどを記述することで、その子の今の心境が感じ取れるようになります。

〔事例 3-1-3〕具体的な記述

家庭から園へ（0歳児クラス）

　「人見知り」が急に激しくなってきました。さくらんぼ組の先生とほかの組の先生の区別ができるようになったんですね。でも、なぜか小さな子どもに対しては大丈夫なんですね。

園から家庭へ

　本当にそのとおりです。さくらんぼ組でいつも自分の世話をしてくれる保育者たちのことを、ちゃんと覚えてくれるようになったようです。ほかのクラスの先生は知らない人なので不安になります。よく知っている人と知らない人を見比べて、「よく知っている人がいいの！」と、選択している姿が人見知りです。自分を守ってくれる人への信頼が生まれてきた証拠です。ところが、小さな子どもに対しては、よく知っているかどうかなど、関係ないんですね。小さな子は不安の対象ではないようです。

　子どもたちの人を見分ける力の巧みさに驚いてしまいます。

（コメント）

　ここには、保護者と保育者が「人見知りをするようになった」という子どもの成長（育ち）を確認し合い、喜び合うという心の通い合いが感じられます。「誰に対して人見知りをしているか」という、その子の具体的な姿（実態）から、子どもたちの人見知りのユニークさまでとらえているところが見事です。

第3章　園と家庭をつなぐ記録

一方通行になっていませんか？
意見交換が気楽にできるように

〔事例3-1-4〕は、保護者が子どものだだこねに悩んでいるのに、保育者の記述からは悩みへの共感がなく、双方の心の通い合いが感じられません。保護者にとっては、自分の質問や相談を保育者がどのように受けとめ、こたえてくれるかが大きな関心事です。書いたことに何の反応もないと、「読んでもらっていないのかしら？」「こんな質問はまずかったのでは……」などと不安になり、書く気がなくなってしまいます。小さなことでも日常的に保護者とのやりとりをていねいに続け、通じ合える喜びや安心感を育むことが大切です。

〔事例3-1-4〕内容がかみ合っていない連絡帳

家庭の生活　9月12日（木）（1歳児クラス）
今日はよく泣いて夜を過ごしました。あんぱんをもっともっと食べたいと泣き続け、同じ飲料水のパックなのに、冷蔵庫を開けては、「これがいい、あれがいい」と泣き続け……。やすおに泣かれるのが一番こたえます。
園の生活
敬老の日の集会に参加しました。やすお君は、大勢の人に圧倒されて、いすから保育者のひざに。ひざの上だと、ひまわり組の合奏「ドロップス」、おじいちゃんおばあちゃんのまりつき、お手玉などよく見ることができました。

（コメント）
　保護者の悩みに共感するひと言、「自我がめばえてくると、対応に苦労しますね」がほしいですね。そのあとに保育者が書きたいことや考えていたことを記述すれば保護者もほっとしますね。

保護者に不安を与える記述や
否定的な表現を避ける

〔事例3-1-5〕のように、子どもの気になる姿だけを否定的に書いてしまうと、保護者はどうしていいかわからないだけに、「また指しゃぶりして！」「どうしてあなたはトラブルばかり起こすの？」などと、子どもを追い詰めてしまいます。これでは保護者の不安や悩みが増すばかりです。連絡帳を読む保護者の立場になって、肯定的に書くように配慮したいものです。

〔事例3-1-5〕新入児の保護者に宛てた内容

園から家庭へ①（2歳児クラス）
今日も、やっぱり1日中泣いてばかりいました。昼食も少しも食べませんでした。

（コメント）
　このように否定的に書くと、保護者は不安になります。そこで下記②のように視点を変えて、どんなときに泣きやんだかを書くと、保護者には、「よく見てもらっている」という安心感につながります。

⇩

園から家庭へ②
くにひろちゃん、今日もよく泣いていましたが、音楽が聞こえてくると急に泣きやむんですよ。音楽が好きなのかもしれませんね。昼食もあまり進みませんでしたが、吸い物とデザートは泣かずに食べました。

子どものマイナスなことは
書かないほうがよいのか？

　たとえば、友だちを押してケガをさせてしまったなど、子どものマイナスと思えることは書かないほうがよいのか？　と質問されることがあります。園によっては、「書くと残ってしまうので、あとでトラブルにならないよう連絡帳には書かず、話すようにしています」とも聞きますが、果たして当たり障りのないことばかりでいいのでしょうか？　保護者の身になると、わ

が子のよいところばかりでなく、ありのままの姿、本当のことを知りたいという気持ちが本意だと思います。煩わしさを共有することで、人間関係が深まるという真理もあります。

そのため、ありのままの姿を肯定的に書く力をつけてほしいと思います。たとえば、友だちへのかみつきがあったときは、そのときの状況を知らせ、まずは、防げなかった事態を謝るようにしましょう。そして、かみついてしまった行為の意味を示したうえで、保育者がどう対処したか、今後かみつきを防ぐためにどのようにしていくかまでをしっかり記述できれば、保護者は事態を受け入れられるようになります。行為の意味や原因を探り、保護者と共通のまなざしで対応していく姿勢を示すことで、子どものどんな姿も理解し、受け入れられるようになっていくのではないでしょうか。それこそが、「子育て支援になる連絡帳」です。もちろん、話し合うことの重要さはいうまでもありません。〔事例3-1-6〕の好ましい書き方も参考にしてください。

3歳以上児の連絡帳 ～連絡や伝達はさまざまな方法で～

3歳以上児になると、連絡帳を使わなくなる園が増えています。受け持つ子どもの人数が急増し、午睡の時間では記述しきれないという事情もありますが、個別の連絡よりも集団での生活ぶりを知ってもらいたいことや、子どもたちにはその日の活動や出来事を、自分のことばで保護者に伝える力をつ

〔事例3-1-6〕気になる姿だけを記述し、対応が書かれていない連絡帳

家庭の生活（2歳児クラス）
連休中は車でのお出かけも多く、家にいなかったのですが、とても元気よくあそんでいました。土曜日の夜と日曜日の昼は、たっぷり食べたせいか、1時ごろのウンチはとても量が多かったです。また、せきがでるようになり、ちょっと心配です。
園の生活
連休疲れかな？　食事もあまり進みませんでした。友だち同士のかかわりも少しずつ出てきて、よくいざこざを起こしています。

（コメント）
　園での子どもの姿だけを書くのでなく、そのいざこざに対して保育者がどのようにかかわったかを述べることで、保護者にとって、きょうだいげんかなどがあったときに、どうかかわればいいかの示唆になります。保育者の対応まで書くことで、ずいぶん伝わる印象が異なってきます。

園から家庭へ（好ましい書き方の例）
連休の家庭でのようすがよくわかりました。最近、園では友だちに関心が出てきて、散歩に行くときなど、「お手て、つなごう」などと、かずちゃんから積極的に手を差し出したりしています。そんなとき、「イヤ」と拒まれると、それは悔しいですよね。怒って友だちを"エイッ"と押したりしてトラブルになったりします。そこで保育者が、「かずちゃんはお友だちと手をつなぎたかったんだね。だから一緒に手をつなぎましょう」などと、かずちゃんの気持ちを伝えると、嬉しそうに「うんうん」とうなずいています。

〔事例 3-1-7〕おむつ交換についての連絡帳のやりとり　1 歳児クラス

家庭から園へ たかし君 （1 歳 7 か月）	日曜日など、家で過ごすときは、4 回ぐらいしかおむつを替えません。 1 日に使うおむつの量が多いように思います。 おしっこが、2〜3 回分たまるまで使ってもらえないでしょうか。
園から家庭へ	お母さんがおっしゃる通り、確かに紙おむつは排尿が 2〜3 回分はためられるため、そのつど替える必要はないと思われています。そういう意味では経済的だといえるかもしれません。けれども、子どもにとって 2〜3 回分たまったおむつは重く、動きづらくなっています。身軽に動き回る喜びを味わわせてあげたいので、なるべく頻繁におむつ交換をしています。また、おむつ交換はおとなと子どもが 1 対 1 で向き合う大切なコミュニケーションのとき。おむつをはずしスキンケアをしたり、ふれあいあそびを楽しんだりすることで、子どもは自分の世話をしてくれるおとなを、かけがえのない大切な人と感じ取ってくれるようになります。それから、おむつはずしのトレーニングのためにも、「おしっこが出たのね、それじゃあ、取り替えてあげましょうね」と、世話をしてもらうことは大切です。 　たかし君の排尿間隔も 1 時間半から 2 時間くらいになっています。そろそろトレーニングを始める時期がきているようです。「おしっこが出たって教えてくれたのね」と、そのつどしっかり出たことを受けとめ、オマルに座ることを促してみたいと思います。いかがでしょうか？
翌日 家庭から園へ	私が、経済的なことばかり考えてお願いしてしまったこと、恥ずかしかったです。先生がたが、たかしのことを思って保育してくださっていることがよくわかりました。本当にありがとうございました。

けていく必要もある、という趣旨によるものです。

　その代わりに、「クラス便り」をボードなどに毎日書いたり、子どもたちの育ちに合わせて、必要なことをきちんと伝達する方法を考えるなどの工夫が見られます。親子のコミュニケーションを大事にする意味では、子どもに伝えさせることも重要ですが、保育者からの一定のサポートも必要でしょう。

　とくに、登降園の時間の関係で担任の保育者と直接顔を合わせることの少ない保護者にとって、連絡帳がないと不安になることもあります。そこで、何かあったときに連絡し合うためのノートを用意している園もあります。

　一方で、連絡帳は個々の子どもの重要な育ちの記録であり、保護者とのコミュニケーションをとる必要性も高いとして、毎日ではなくても、全員に対して連絡帳を書き続ける園もあります。

　〔事例 3-1-8〕のように、幼児になると友だち関係についてたずねる記述が多くなります。保育者は、友だち関係のありのままの姿を伝え、それに対する保育者の考え、そのときどうかかわったかなどを書き、今後のようすについても知らせていくなど、配慮したいものです。

〔事例 3-1-8〕友だち関係に対する保護者からの訴え

9 月 7 日（木）　4 歳児クラス
　昨夜、あや子が泣きだして「お友だちがあそんでくれない。あやちゃん、ひとりぼっちなんや」といいます。私が「仲良しの□□ちゃんがいるでしょ？」ときくと、「◆◆ちゃんと△△くんが来て、いつも□□ちゃんを連れていってしまう」とのこと。「みんなあやちゃんのこと嫌いなんや」といっています。親としてもとても心配です。あや子の園でのようすを教えてもらえないでしょうか？

連絡帳が問いかける保育の質

〔事例 3-1-9〕は、4 歳の男の子が保育中に熱中症で死亡した事故を取り上げた書籍から紹介します。この事故は、命の重みを背負った保育の質が問われたものであり、どこの保育園でも起こりうる事故だったのでは……と、身が引き締まる思いがします。

大切なことは、連絡帳などを通して、保護者とどれだけ日ごろからの信頼関係を築いているかということではないでしょうか。残念ながらこの保育園では、連絡帳で園での子どものようすが保護者に伝わってこないという不安を与えていました。たとえば、連絡帳には友だち関係について保護者からの問いかけも書かれていましたが、保護者と保育者のすれ違いも大きかったようです。そして〔事例 3-1-9〕にある 6 月 13 日のやりとりが決定的な不信感をもたらしてしまいました。

連絡帳は、プールに入れるかどうかの確認（チェック）についての保護者の報告から始まります。保育者の返信に対して保護者は「大いなる疑問」がわいたと述べています。連絡帳の記述にもかかわらず、子どもが家に持ち帰った水着はぬれておらず、子どもからも「入らなかった」との答えがあり、連絡帳に記されたことは事実と異なっていたからなのです。

連絡帳は、保護者と共に子どもの育ちを見つめ合う「成長記録」であり、さらに子育てのパートナーとしての保護者と保育者をつなぐ架け橋にならな

ければなりません。限られた時間に大勢の子どもの連絡帳を書かなければならない保育者には、勘違いや誤った記述がないとはいいきれません。それでも、誤りに気がついたらそのことを認め、訂正しなければ信頼関係はけっして得られません。せっかくの連絡帳がどれだけの役割を果たしているのでしょうか？　あらためて見直してみたいものです。

〔事例 3-1-9〕
保護者の不信感が増した連絡帳の記述

> 6 月 13 日　（保護者の記述）
>
> 　金曜日は私がチェックを忘れてしまいました。すみません。帰りに○○にかなり怒られてしまいました。

⇩

> 6 月 13 日　（同日の保育士の返信）
>
> 　水着に着替え、張り切って入りました。この間よりも水も多目で、プールあそびらしいプールあそびが出来ました。

出典：猪熊弘子著『死を招いた保育　上尾保育所事件の真相』ひとなる書房、2011 年、78 頁

育ちのドキュメントを 保護者と共につくる

保育者が子育て支援のプロといわれるゆえんは、子どもたちの姿をいかにいきいきと興味深く、保護者に伝えられるかに尽きるように思います。そして、その連絡帳を読んだ保護者が、子どもを育ててきてよかったと思えば、「家でもこんなことがありました」と、

子どものようすを伝えてくれることでしょう。そうして年を重ねながら、連絡帳を通して子どもの育ちのドキュメントが記されていきます。

書かれたものは長く残ります。やがて子どもが成長してから連絡帳を読み返したときに、「充実した乳幼児期だった。親と保育者がいつも自分を温かく肯定的に見守り育んでくれた」という格別の喜びを得られるようにしたいですね。

第3章-2 保護者に毎日の保育を伝える「お便りボード」

連絡帳以外の方法で保育のようすを伝える

3歳児以上のクラスになると、連絡帳を使わない園もあり、日々の子どもたちの園での生活ぶりを、保護者にどのように伝えるかが重要になります。多くの園では、その日の活動をいわゆる「お便りボード」(ホワイトボードなど)に書き、送迎時に保護者に読んでもらうようにしています。しかし、通常のホワイトボードでは書いた内容を保存できません。大きな台紙に太いペンで書いてはり出し、それを保存している園もあります。

しかし忙しい保護者の中には、ボードに目を通すゆとりもないまま帰るかたもいます。祖父母が送迎をする家庭では、内容を両親に伝えてもらうのはむずかしい面もあります。限られたスペースに短時間で書くため、「今日は○○をしました」という活動報告にもなりがちです。

最近は、デジタルカメラで子どもたちの姿や活動を撮れば、その日のうちに印刷して掲示できます。しかし、あまり写真に重きをおくと、その日の活動のねらいや保育者の考え、子どもたちの思いや願い、友だち関係など、最も伝えたいメッセージが伝わらないという課題もあります。

朝夕の送迎の忙しい時間帯でも、保護者が読みたくなるようなものにするにはどうしたらよいのか？　考えてみましょう。

表現方法に工夫を凝らす

(1) タイトルをつける

広島市青崎保育園では、園内研修(保育カンファレンス)で「お便りボード(73頁写真参照)」の書き方に取り

組み、タイトルがあると読みやすく、急いでいる人の目にもとまるのではないかと話し合って試みました。保育内容に関するカットの中にタイトルを書いているので、ひと目で何が書かれているかわかります。また、子どもたちのことばをタイトルに使うことで、保護者を引きつけます。

（2）道具や教材、作品の一部を紹介する

写真では、使った筆記具の実物も掲示してあります。それを見た子どもは、きっと親に説明したくなるでしょう。

（3）文章にイラストや写真を加える

ときには数コマの漫画にする方法も効果的です（78頁〔事例3-3-1〕参照）。

（4）色を使い分ける

大事なポイントに注目してもらうようにぬり分けます。

（5）ボードへの記入を子どもにも知らせる

子どもから親への発信と、親子の会話のきっかけになるように促します。

文章の書き方を工夫する

（1）活動のねらいを簡単に書くことによって保育の考えを保護者に伝える

（例）梅雨期の生きものを探しに小雨のなか、カッパを着てお散歩に行きました。

（2）具体的な記述を心がける

なるべく子どもの姿が浮かんでくるように、保育の展開を、専門用語を使わずにわかりやすい表現で書くようにします。子どものつぶやきや会話、保育者とのやりとりを入れてみましょう。

プライバシー保護を気にするあまり、誰のことばなのか、発案者は誰だったのかをまったく記述していないものも見られますが、子どもたちのよい面については、一人ひとりを浮き彫りにしたほうがよく伝わり、保護者の共感も得られます。ただし、いつも同じ子どもばかり登場することがないように配慮しましょう。

〔わかりやすいお便りボード〕

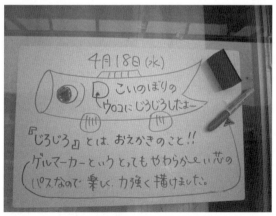

第3章　園と家庭をつなぐ記録

（3）子どもたちにも関心をもって見て
　　もらえるよう、親子で楽しむ壁新
　　聞として作成する

　壁新聞は、子どもたちにも読めるよ
うに、ひらがなで作り、イラストを入
れます（これについては75頁2段目
以降でくわしく述べます）。

ボードや壁新聞に書いた
あとも有効に活用する

　毎日ボードを見ることがむずかしい
家庭に向けては、紙に書いたものを縮
小コピーして、子どもに「お手紙」と
して持たせることができます。

　また、毎日のボードの続きやまとめ
をクラス便りの内容につなげ、子ども
たちの生活や育ちの過程をさらに理解
してもらうことも重要です。ときには
ボードを見た感想や、面白かった内
容、関心をもった書き方、わかりやす
かった書き方（その反対も）、載せてほ
しい内容などのアンケートを取り、保
護者の意見を反映させることが「共育
て」につながります。せっかく毎日書
くものです。迎えに来た保護者に見る
ことを楽しみにしてもらえるような内
容にしていきましょう。

保育の感動を伝える書き方

　「保護者と保育を共有し合うお便り
ボード」すなわち、ボードの内容（文
章の書き方）について考えてみたいと
思います。

　書く際の基本は①簡潔であること。

長すぎると忙しい夕方の降園時にはな
かなか読んでもらえません。ただし短
ければいいということではありませ
ん。書くべきポイントを押さえて簡潔
に、ということを忘れないようにしま
しょう。

　次は②具体的であること。子どもた
ちの姿が頭に浮かんでくるようにわか
りやすくということです。

　そして最後は③説得力です。報告で
終わってしまうようなものでは読み手
に届くものにはなりません。「伝えた
いことがら、保育者の考えや気持ち」
があって初めて読み手に伝わるものに
なるでしょう。

　したがって自分の考えを整理したう
えで、I子どもたちの姿、IIそこから
保育者が読み取ったこと（子どもたち
の願いや育ち、友だち関係など）、III保
護者にぜひ伝えたいメッセージという
ような流れで書いてみるのはいかがで
しょうか。

具体的な内容を
わかりやすく書く

　次に、3歳未満児のお便りから順に
事例を検討してみましょう。

　76頁の〔事例3-2-1〕は、0歳児ク
ラスのものです。

　連絡帳がある3歳未満児でも、この
ように毎日、お便りボードを書いてい
るところがあります。自分の子どもだ
けではなくこの時期の子どもたち共通
の育ちや生活のようす、保育園ならで
はの友だち関係の育ちが伝わってきま

す。この日は、ふたりだけの記述でしたが、今の子どもたち共通に見られる発達の姿を知ってもらうことで、月齢の低い子どもの保護者は、先の見通しをもって自分の子どもを見られるようになっていきます。個別名を入れて書く場合は、1週間くらいのめやすで、クラス全員の子どもについて、もれなく記述されるように配慮したいですね。メッセージ性のあるとてもよいお便りだと思います。

76頁の〔事例3-2-2〕は、4歳児クラスでの今日のようすが書かれていたお便りです。

思いもかけず年中児クラスの子どもたちが、年長児クラスの作った1.9メートルもある積み木の「東京スカイツリー」を見ることになりました。そのときの驚きや、やりとりをもっとリアルに書くことで、はと組さん（年長児クラス）のすごさと表現したい部分を具体的に読み手に伝えられたのではないでしょうか。とはいえ、異年齢交流の意味を保護者に伝えるお便りになっていたようです。

76頁の〔事例3-2-3〕は、5歳児クラスの壁新聞を兼ねたお便りボードです。

これは保護者だけでなく、子どもたち同士、さらに子どもと保護者をつなぐ壁新聞としても活用できるよう作成しています。すべてひらがなで書かれているのはそのためです。

年長にもなると「ことば表現の巧みさ、面白さ」が感じられることに関心をもってもらいたい、というメッセージで書かれたように思いました。帰りに壁新聞を見ながら子どもと保護者が共通の話題をもつことで、さらに親子の会話が広がっていくことはいうまでもありません。

お便りボードは、一瞬見た感じで保護者の心をつかめるかどうかが大切です。「表現の工夫」と、「伝えたいことをどう文章化するか」、その両方がかみ合うものになればいいですね。ぜひ挑戦してみてください。

第3章　園と家庭をつなぐ記録　75

〔事例3-2-1〕子ども同士のかかわり合い（0歳児）

さやちゃん（1歳10か月）が赤い自動車をもっていたら、ゆうし君（1歳11か月）がそれを欲しがりました。それと知ったさやちゃんは、自動車を背中に隠し「いやだ」と言いました。私は2人がどうするか声をかけずに見ていると、ゆうし君は大きな声で泣き出し両手で『欲しい欲しい』と言わんばかりに訴えました。その様子を見たさやちゃん「ゆうちゃん、これいいの？」といつも保育者が子どもに話しかけるようにゆうし君の顔を覗き込みききました。ゆうし君が泣きながらも頷くと、少し考えているような様子でしたがゆうし君に「どーど（どうぞ）」と赤い車を渡しました。そして少し離れていた所にいた保育者に「さーちゃん、ゆうちゃん、どーどした」と嬉しそうに報告してくれました。

さやちゃんは話せることが増えたことでこの頃はかみつきもなくなってきました。物の取り合いになるとまだ友だちをたたいたりすることはありますが、今日のように友だちの思いがわかって貸してあげられるなどびっくりしました。さやちゃんに限らず、今、子どもたちは少しずつ言葉を獲得しながら友だちとのやりとりができるようになっています。4月当初と比べ、子どもたちの育ちの著しさに思わず胸が熱くなる思いでした。

〔事例3-2-2〕ひばり組今日のようす

今日は雨のため、室内で過ごしたひばり組。
部屋であそんでいると、はと組のお兄さんが、
「東京スカイツリー作ったので見に来て下さい！」と紹介状と
（年長組）
チケットを持ってきました。朝の集まりの後、皆で、
はと組に行くと大きな地図（スカイツリーの周辺の地図らしい物）
を持ったはと組さんが「いらっしゃーい！」とお出迎え。チケットを
切ってくれて、中に入ると、目の前には、積み木で作った
大きなタワーが。子ども達も木を見て「先生よりも大きい！」
「すごい」と、はと組さんのすごさを感じているようでした。
思わぬ、サプライズで、はと組と交流できた子ども達
でした。

（子どもたちがスカイツリーの前で
撮った写真がはられている）

〔事例3-2-3〕
子どもと保護者の両方に読んでもらうお便り

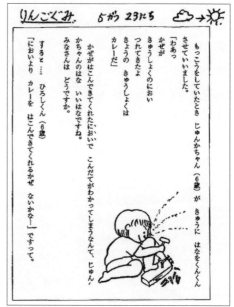

第3章-3 読みたくなるようなクラス便り

クラス便りは、担任の保育者と保護者とのコミュニケーションづくりに欠かせないものです。担任の個性やもち味を生かしながら、保護者の子ども理解や子育てに役立つような紙面作りを工夫しましょう。

読む人の立場になってわかりやすく書く

保護者がクラス便りで一番知りたい内容は、「子どもの姿」です。子どもたちの園でのようすが見えてくるように、聞こえてくるように、具体的に書いてほしいと思います。

たとえば、「子どもたちは毎日元気よくあそんでいます」と書くよりも、「片づけの時間になっても、"もっとやりたい、もっとやりたい"という要求が出るほどよくあそんでいます」のほうが、子どもの姿がくっきりと見えてきます。また、保育の中でとらえた、成長や発達に結びつくエピソードなども喜ばれます。その際、同じ子どものエピソードばかりにならないように気をつけましょう。

伝えたいことは、要点を押さえて簡潔に書く

クラス便りでは、保育の専門用語やむずかしいことばの使用は極力避けたいものです。たとえば、「最近子どもたちの自我が芽生えてきました」とだけ書くよりも、「この頃"お部屋に入りたくない""ジブンで"などと、子どもたちは盛んに自己主張するようになってきました。自我（自分のつもりにこだわる心のはたらき）が芽生えてきたようです」と、具体的な行動を示しながら説明するほうが、子どもの心の育ちをしっかり伝える内容になります。ただし、伝えたい内容はくどくならないように、要点を押さえて簡潔に書くことを意識しましょう。

内容をカットやイラスト、写真など視覚でも伝える

クラス便りに添えられたカットやイラストは、内容の理解を促したり、読みやすさを高めます。ただし、本文の内容と関係ないカットが多いと、逆に読むときの邪魔になるので注意しましょう。

また、保育者から一方的に伝えるだけでなく保護者からの情報や感想なども掲載し、相互のやりとりが活発になれば効果的です。クラス便りの一隅に「保護者の皆さんのご意見、ご感想をお待ちしています」と載せたり、「保護

者からのお便り」という記入欄を設け、切り取って提出してもらい、それを次のクラス便りに載せる方法もあります。

　クラス便りは、連絡帳と異なり、ほかの保護者とも情報を共有できます。それを生かして、たとえば、「わが家で大切にしていること」「子どもの名前の由来」など、リレー方式でどの保護者にも参加してもらうコーナーを設け、保護者同士のコミュニケーションを図ることもできます。

　以下の事例を参考に、保護者との相互理解を深め、クラスの和を図っていくためにも楽しいクラス便りを作ってください。

〔事例3-3-1〕1歳児クラスのクラス便りの例

(資料提供：福井県　浪花保育園)

(コメント)
　このお便りは、どんなときにかみつきが起きたか、ケースごとにイラストで紹介しているため、理由がわかりやすくなっています。また、イラストが子どもの会話で表現されているため、リアリティのある内容になっています。
　必ず、保育園でとっている対応を伝えることもポイントです。この時期の子どもがなぜかみつきをしてしまうのか、子ども理解が確実になっていきます。

〔事例 3-3-2〕 2歳児クラスのクラス便りの例①

平日は忙しくてなかなか時間や気持ちにゆとりがもてず、ついイライラしてしまうこともありますよね
こどもは、とても敏感なのでそういうときにもっとも大人を困らせたり、気をひこうとします。

【怒る】と【叱る】

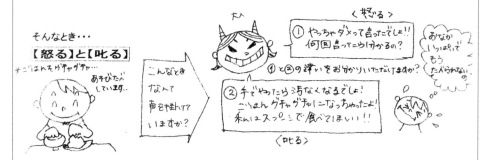

怒る ①大人（自分）の感情の苛立ちをコントロールできずにこどもにあたる

特徴的なのは"あなた"言葉」になっていることです。「（あなたは）どうしてできないの！？」と相手を非難し、「（あなたは）ダメな子」とレッテルを貼ってしまうことになります。「（あなたは）なんてだらしない子なの！」「どうして（あなたは）そんなにグズなの！」と言ってると、本当にそのような子に育ってしまいます。誰でも、感情が高ぶって。どうしても怒ってしまうこともありますが、「怒る」効果は、ほとんど期待できず、むしろ反発心を招くか、恐怖心を与えるだけで、お互いの信頼関係がまずくなるだけなので、できることなら控えたほうがよさそうです。

叱る ②なぜ、それがいけないか分からせる、自分の考えをぶつける

「叱る」場合には、"あなた"言葉」ではなく、"わたし"言葉」で伝えます。「わたしは、こうしてほしいと思っている」「わたしは、○○されると困る。悲しい」など、自分がどう思っているのか、自分の思い、気持ち、考えを、自分の責任において訴える。注意が必要なのは、「悪い事をすると、オバケがくるよ！」などと、自分の責任ではなく、人に任せてしまう叱り方です。自分の責任で、きちんと理由を伝え、自分の考えを述べることが大切です。

叱るのが上手な人の場合、叱ったからといって信頼関係が崩れることはなく、お互いの関係はむしろよくなっていきます。ポイントは、「その場で短く」「理由とともに」「行動そのもの（相手の存在まで否定してしまうことのないよう、間違った行為や行動のみに対して）」を叱ることです。

子どもはとっても優しくて素直ないい気持ちです。大人の素直な気持ちが子どもをもっともっと素直にさせますよ🩷 怒りすぎた時には「怒りすぎてごめんね」と素直に謝ってくださいね！！！

第3章 園と家庭をつなぐ記録

〔事例 3-3-3〕2歳児クラスのクラス便りの例②

クラス便りで子どもの存在の意味や価値を共有する

エピソードで子どもの成長を、いきいきと伝える

　幼児のクラス便りを通して保護者と共有したいことについて考えてみましょう。

　保護者が何より知りたいと願っていることは、「園での子どもの育ちのドラマ、子どもたちの仲間関係の多様さ」ではないでしょうか。保育者は、日々子どもたちと生活しながら"子どもって面白い""えっ、こんなこと考えてたの？"と驚いたり心を揺さぶられたりします。そこには、保育者が見た子ども再発見のドラマ、語らずにはいられないメッセージがあります。

　たとえば、泥んこあそびに夢中になっている子どもは、まるで「僕たち泥でこんなに幸せになれるんだよ」と訴えんばかりに目を輝かせ、自然の恵みの大切さを教えてくれます。友だちと激しいけんかをしても、理由がわかればすぐ相手を受け入れ仲良しになります。保育者は、子どもと共にある喜びや感動を言語化し、伝えたい子どもの存在の意味や価値を保護者や多くの人と分かち合いたいと願っています。それを記述し残すこと（エピソード記録）によって、子ども理解をより確かに深めていくことができます。そのことをクラス便りにつづっていきましょう。具体的なエピソードをきっかけに親子の会話も生まれます。

伝えたいことがらを「見出し」で強くアピールする

クラス便りを作っても読んでくれていないのでは……というのが保育者の悩みです。思わず目を引きつけられる便りは、簡潔な文章に、興味を引く見出しがついている読みやすいものです。〔事例3-3-4〕で紹介する週報は、その見出しが見事です。

見出しのアイデアが浮かばないときは、ラフ（下書き）を目立たないところにはっておき、保育中、あるいは保育を離れたときなどに何かひらめいたら付箋紙に書き込み、はりつけていく方法もあります。「泥んこあそびが始まりました」と書くよりは「ヌルっとして気持ちいい！」といった、子ども

〔事例3-3-4〕3歳児クラスの「週報」

①クラス便りの名前を保護者に公募し、1年間を通して同じものを使うようにしました。
②担当者の持ち味を生かした、得意なカットで子どもたちの育ちをリアルに表現します。
③クラス便りを読んだ感想、または、日ごろ保護者が思っていること、考えていることなどを「一言コーナー」に寄稿してもらい、保護者の意見をクラス便りなどに反映させています。
④子どもたちの保育園での生活を、「週報」として担任もしくは園長の視点で見たことを、気負わずに気軽に伝えています。
⑤思わず読みたくなるような「見出し」で引きつけるようにします。
⑥続報の予告があるクラス便りは、保護者の期待をもたせ、次への興味を引きつけることができます。

のことばをそのまま見出しにしたり、
「アッという間に、泥んこ大好きな子
どもたち」のほうが、子どものようす
が伝わり紙面がいきいきとしてきます。

年度当初に、おおまかな
計画を立てておく

　クラス便りは話題性が最も重要で
す。何月にはどんな話題を掲載する
か、連載のテーマを何にするか（クラ
ス全員を順次どのように紹介するか、

あそびを通して育つ子どもたちの姿
は）などを計画的に進めることで、事
前に写真を撮ったり、子どもたちの描
いたイラストを取り置いたり、年度当
初の保護者懇談会の折に保護者参加を
呼びかけておくなど、見通しをもって
準備を進めることができます。

　連載コーナーを設けて、毎回保育者
自身の考えや思いを述べるのも一案で
す。伝えたいことがたくさんあれば、
悩まず楽しんで書けるのではないで
しょうか。

第4章
児童票・保育所児童保育要録の書き方

第4章-1 児童票における経過記録の書き方

　児童票は、子どもの入所以前の生活状況を把握し、入所後の成育に役立てる個人の包括的な原簿です。子どもの家庭環境を理解しながら成長発達の姿や保育指導の経過などを記録します。ここでは入所後に記述する経過記録について考えます。

　日誌がその日の活動の羅列だけでは意味がないように、児童票も「できた、できない」という結果だけを見るのではなく、まず子どもの育ちのプロセスをとらえることが大事です。たとえば5歳児の記録で、「苦手ななわ跳びを30回跳べるようになった」というような結果重視の記述にとどまっていないでしょうか。それを、「仲良しの友だちから苦手ななわ跳びに誘われることが多くなり、教えてもらいながらやるうちに嫌でなくなり、"今日ぼく30回も跳べた"と喜んで知らせに……」というように、跳べるようになった経過を記述することで背後の生活や友だち関係も見えてきます。

　また、保育者の子どもの観方、かかわり方によって子どもの発達も常に変わっていきます。したがって子どもの育ちは、保育者の援助の仕方なども記述していくことが求められます。85頁の〔事例4-1-1〕の記述の下線部分が保育者の指導援助の部分です。

　児童票は、個別指導計画を立案するうえでも必要不可欠な資料です。さらに、保育要録を作成する際も、保育者の指導援助のあり方が記述されているかどうかが大切になります。

　児童票を書く意味はほかにもあります。その年の担任だけではなく、園長、主任、次年度の担任、ときには園内研修（保育カンファレンス）など園全体で子どものことを話し合うときの資料になるのです。多くの人が子どもを理解していくときの、貴重な資料として参考にすることができます。

いつ、どんなときに記入するか

　入所当初は、乳児も3歳以上児も保育園に慣れていくまでの経過をていねいに書きます。その後は、乳児は月に1回、幼児は期ごとに成長のようすを記述しているところが多いようです（幼児でも月に1回書いているところもあります）。また、その子にとってぜひとも記述しておきたいことがらが生じたときは、そのつど記述するとよいでしょう。さらに保護者との面談、家庭訪問のようすなど家庭との連携についても、必要に応じて記述することが望ましいでしょう。

5領域を「窓」に育ちを具体的に書く

保育指針における保育内容の5領域は、「子どもの発達を見る5つの『窓』」です。各領域のねらいや内容を発達の目安として参考にしながら、5つの「窓（項目）」から育ちに関する必要事項（葛藤やその子の悩みなども含めて）を記述していきます。それによってその子の全体像を偏りなく見通すものになります。

〔事例4-1-1〕育ちを領域ごとに整理して記述した児童票

氏名	いわい　まさき　男 20●●年5月10日生		20●●年6月1日～6月30日			体重	身長
年齢	2歳0か月	出席日数	月	出席	欠席	14.4 kg	90.0 cm
担任	（担任氏名）		6月	22日 日 日	3日 日 日		

健康・生活	健康—2日より耳下腺炎（左のみ）。治療して登園する。右の耳については今後、気をつけて見ていきたい。 食事—あいかわらず食べる意欲はない。食事に誘っても興味がないようだ。病気のあとということもあり、食欲が落ちている。<u>励ましてスープと果物など好きな物だけ食べさせている。</u>麦茶で水分補給する。月末は自分から汁物だけは食べるようになる。 排泄—おむつがぬれると「びしょびしょ」とか「しっこ」と突然に教える。<u>教えてくれたのをほめると、嬉しそうな笑顔を見せる。</u>友だちがトイレに行っているのを見て、行きたがり、おむつを外すと必ず行く。水を流すのを喜んでいる。間隔は短いときでも2時間半、長いときには3時間半出ない。 午睡—ふとんに入ると指を吸って寝つく。<u>なるべく保育者が手を握ってやるようにすると指吸いはしないで眠る。</u> 着脱—着替えさせてもらっていても、あちこちと興味が移る。「はい、腕を通して」など何をしているか意識させ、ほかの動きが目に移らない場所で、ゆったりと着替えさせる。
人間関係・言葉	子どもとの関係：ことばがでてきたためか、ほかの子の玩具を無理に取ったり、突き飛ばしたりすることが少なくなる。 　自分から「ちょうだい」などといったときに「まさき君、ちゃんとちょうだいっていえたの」と聞くと、「うんうん」とうなずく。「まさき君は○○したかったの」など本児にはことばでいえば通じること、相手には本児の気持ちを伝えることを保育者が心がけるようにしていく。まさき君は乱暴だというイメージをなくしていく。また保育者が代弁しながら、本児のつもりを確認する。 おとなとの関係：友だちの物を取ろうとするときや、突き飛ばそうとするとき、「まさき君」と、つい大声になってしまう。ハッとした顔をして、こちらがいうことがわかってきている。しかし、おとなの顔色を伺う行動も見られるので、保育者の言動に気をつけていきたい。
環境・表現	※ひとつの物に集中してあそぶことはなく、いろいろな物に興味が移っていく。あれこれと次つぎに目が移るようだ。雨の日などは、からだをぶつけるようにして友だちにあたることが多い。からだ全体の動きのコントロールがまだまだつきにくいようで、大きな動きが十分できる場所が必要だと思う。<u>天気のよい日には、追いかけっこなど十分楽しめるよう、園庭や公園に行くようにする。</u> ※あいかわらず電車や車であそぶことが多い。手に持っていることが多かったが、<u>線路を作ることによって、そこを走らせるようになり、走り回ることばかりではなくなる。</u>
家庭との連携	・トイレトレーニングを始めるに当たり、家庭での排尿のようすなどをつかんでもらい、パンツなどを用意してもらうようにする。 ・失敗してもしかったりしないように話しておく。
特記・課題	＜来月に向けて＞ ※<u>ことばが出始めているので、目を合わせていねいに対応すること。</u> ※あそびに必要なことばは、とくにていねいに知らせていったり、補ったりする。 ※<u>からだを動かすあそびをたくさんしていくとともに、コントロールが必要なあそびに誘っていく。「オオカミさん今何時？」など</u> ※<u>トイレトレーニングを本格的に始める。</u>

第4章　児童票・保育所児童保育要録の書き方　85

次期に向けての課題など、気がついたことを書いておくのも有効です。一人ひとりの子どもに光るものを見いだしながら、卒園までのかけがえのない育ちのドラマとして書きつづりたいものです。

「子どもの育ちの物語」として書く

児童票は「保育の営みから紡ぎ出される貴重な子どもの育ちの物語」です。

〔事例4-1-2〕から読み取っていただきたいと思います。

本ケースの男児は、年中組までほかの保育園で生活し、年長組になって転園してきました。ひとり親家庭で保護者はやや放任的なところがあり、前の園では、もっと子どもに手をかけてほしいとお願いしてきたようですが、母親は、それが苦痛でトラブルになり、転園に至ったということです。クラスの仲間関係がだいぶできていることもあり、年長になってからの転園にはむ

〔事例4-1-2〕年長組（男児） —年長クラスになって他園から転園してきた子ども—

		1年間の経過記録（生年月日　H●年4月）　　保育上必要となる事項
I期〈4↓5月〉	生活態度	・給食は好き嫌いなくよく食べる。午睡は夜が遅いためか、すぐ眠ってしまう。
		・環境が変わったためか落ち着きのなさが目立つ。いすに座っていられず、場面に関係なくフラフラ歩いたり、玩具を触りに行ったりし、みんなと一緒に座って話が聞けない。……①
	ことば	・「おまえがわるいんだ、ばかやろう」「いらねえよ」など乱暴なことばづかいが目立つ。……②
		・絵本の読み聞かせも、座って聞いていられない。虫の図鑑などはひとりでよく見ている。……③
	運動	・体育指導（外部講師による）には自ら参加し、マットの前転、跳び箱など、自分の得意な活動はみんなと一緒にやっている。しかし、順番を守れず注意されたりするとふてくされてやめてしまう。……④
	あそび	・パズル、ブロックは集中して作り、立体的な物もびっくりするほどよく作れるが、後片づけは苦手。……⑤
	友だち関係	・友だちに邪魔されるとすごい勢いで怒り、殴り合いのけんかになってしまう。行動やことばが乱暴なため友だちができず、ひとりであそぶことが多い。生活グループの中では食事のときなど、まわりの子とおしゃべりして楽しそう。
II期〈6↓8月〉	集団活動のようす	・「みんなでゲームしよう」など、集団あそびに誘っても、ほとんど参加せず、部屋でこまやパズル、ブロックなどをしている。何度声をかけても「やりたくねえよ」ということが多い。<u>クラスの友だちに誘いにいってもらうが、やろうとしない。</u>
	プール活動	・プールは、「指示があったら出る」などの約束事が守れず、注意されることが多かったが、徐々に注意されることが少なくなった。顔つけ、けのび、バタ足で泳ぐこともできるようになった。プール活動で思い切り開放感を味わい、自信がついてきたようだ。よくぬれたままの水着を持ってくることがあった。
	あそび	・工作や絵を描くことが得意。とくに空き箱などを使ってのロケットや乗り物作り。作った物を大事そうに並べて見ている。<u>「いいものができたね」とほめると、嬉しそうにどのように作ったかを話してくれる。</u>
		・トランプやゲームに負けると、負けたことが受け入れられず、まわりにあたる（物を投げたりけとばしたり）。<u>しばらくして気持ちが落ち着いたときに、"悔しかったんだね"と共感し、友だちと一緒にあそべるようになったことを伝え、育ちを伝える。母親にもそのつど成長してきたことを話す。</u>

86

ずかしさがあります。すぐに友だち関係ができることもありますが、乱暴でかつ保育者の話も座って聞かないとなると、子どもたちはどうしてもその子を受け入れがたく感じてしまいます。そんな状況で始まった1年間の園生活の記録からは、「子どもは友だちや仲間がいてこそ輝きだす」ことを確認できます。

Ⅰ期は①〜⑤で示している通り、子どもの姿ばかりで、担任保育者の指導援助がほとんど記述されていませんでした。担任は主任からそのことを指摘

され、Ⅱ期以降ではしっかり保育者のかかわりが書かれるようになり、子どもの成長も著しいものがあったと読み取ることができます。経過記録に保育者の子どもへの観方、かかわりを記述することがいかに重要であるかを学ぶことができました。ただ、保護者とのかかわりについてはもう少しくわしく記述してほしかったと思います。

児童票の経過記録は、〔事例4-1-2〕にあるように、項目ごとに記述されていると、そこから必要なことがらを拾い出してみることができます。経過記

Ⅲ期〈9↓12月〉	あそびと友だち関係	・担任の男性保育者に自分から寄っていって話しかけたり、<u>じゃれつきあそびなどをしてもらうことを喜ぶ</u>。そこでほかの友だちとも一緒になってふれあったり、ふざけたりするようになる。<u>その保育者が誘いかけたバナナ鬼には積極的に参加しあそぶようになった</u>。毎日友だちとよく走り回ってあそぶことで、笑顔も見られるようになり、このバナナ鬼をきっかけに仲良しの友だちができてきた。 ・鉄棒で逆上がりの練習をするが、要領が得られずできない。できないと自分からは練習しない。 ・ドッジボールには楽しんで参加するが、ボールを取りたくてトラブルになることが多い。ルールがわかってくるとトラブルも少なくなる。ほかの集団あそびには、気分がのらないと参加しない。
	芋掘り遠足	・芋掘り遠足のとき、大きな芋をたくさんリュックに入れて「お母さんに持っていってやるんだ、お母さんお芋好きなんだ」といいながら、かなり重かったが園までがんばってかつげた。<u>気持ちのやさしいところを認め、本児の話をじっくり聞いてやったり共感すると、保育者の話も素直に聞き入れる。</u>
	ことば	・以前に比べると、ことばも乱暴でなくなり、絵本をみんなと一緒に見られるようになってきた。しかし、朝や帰りの集まりは座ってはいるが、まだ集中して話が聞けない。
Ⅳ期〈1↓3月〉	友だち関係	・友だちの輪の中に入れたことで、友だちとおしゃべりしたり、一緒に活動することが多くなり生活も安定してきた。自分の気の合う子がけんかしたりしていると、状況もわからず加勢したりする。
	集団のひとりとしての意識	・ドッジボールは、ルールを守って楽しんで取り組むようになった。自分のチームの友だちと勝って喜び合ったり、負けて悔しさを分かち合ったりする姿が見られるようになった。 ・保育者が子どもたちみんなに話すことも聞くようになった。それでも興味のない話になると、前の子にちょっかいを出したりふざけ出す。<u>注意されると静かにする</u>。好きな鬼ごっこ、ドッジボール、リレーなど、からだを動かすあそびを友だちとしながら、クラスのひとりなのだという居場所、よりどころができてきたことで、友だちと一緒に話を聞こうという気持ちが生じてきたのだと思う。
	生活発表会と卒園式	・生活発表会では、「どろぼう学校」のどろぼう役を楽しんで演じていた。 ・一人ひとりがお別れのことばを述べる場面で「ぼくはバナナ鬼が楽しかった。リレーでアンカーになったとき、負けていて悔しかったけど一生懸命走りました」と話していた。

録は次年度に向けても、園内研修（保育カンファレンス）で子どものことを話し合うときにも貴重な資料になります。その意味で、あとで読み返したときにわかりやすいことがポイントになります。さらに、子どもがどこで、なぜ変わったか？　保育者の考察や指導、援助の記述があれば、より活かせる記録になったのではないでしょうか。

家庭と共に作る児童票

事例は、子どもの育ちを保護者と一緒に共有する児童票「あゆみノート」

です。これは、子どもの姿、指導計画、評価反省、そして子どもの活動写真も添付されています。さらに「保護者と子どもの関わり」の欄には、保護者から見た子どもの育ちや家庭での姿などを記入していただいており、わが子に対する保護者の思いを知ることで、子育てのパートナーとして、共によりよい子どもの成長発達を見守り、支えていく貴重な資料となっています。

それでは次頁から、子どもの育ちを保護者と一緒に共有する「あゆみノート」について、その意味と作成の過程を紹介しましょう。

あゆみノートは子ども理解の発達記録です

ご家族のみなさまへ

　○○ちゃんの育ち物語（あゆみ）のはじまりです。

　あゆみノートは子どもの日々の様子や活動を写真と文章で記録し、子どもの成長を家族の皆さんと一緒に共有できるように作成しています。

　また、あゆみノートは長房西保育園で独自に使用している子どもの発達記録及び指導計画であり、その育ちを家庭と共有するための子育て記録です。これは個別指導計画でもあるため、子どもたちの目標や望ましい体験、そして次への目標を示唆した反省欄等で構築されています。しかし、この記録は子どもたちの能力を比較したり差別したりするものではありません。子どもたちの育ちは一人一人異なり、その子にあったスピードや方法で学習し、成長していきます。私たちはその発達の道筋を祝福し、専門性を生かしながら愛情をもった支援をしていきます。ですから保護者のみなさんのまなざし（記録欄）は園の指導計画にも子どもにも重要な役割を果たします。

　子どもは様々な能力をもった、とても自信に満ちた学び手です。ですから何度失敗しても、前向きで、あらゆる感覚を駆使して体験したことを吸収し成長していきます。ですからその時、子どもたちの回りにいる私たち大人の言動が子どもの人格形成に大きな影響を及ぼします。そのためにもあゆみノートで子どものことを理解することが、とても大事になると思います。これは園の保育目標にある『自分が大好き』という自己肯定感にもつながります。そして『他の人々や自然と仲良く暮らす』ことの出来るコミュニケーション能力など、生活体験を通して、しっかりとした自分たちの所属観と社会に貢献していくことに喜びの価値を見出す人間に成長してくれることを願っています。

　2歳児までは毎月、3歳児以上は各期ごと（約年3回）に記録してお渡しします。どうぞこのあゆみノートをアルバムのように大切に保管し、時折楽しく過ごした保育園の思い出を一緒に語り合うツールにしてください。このあゆみノートが子どもたちの宝物になることを願っています。

長房西保育園　職員一同

今井和子著『保育を変える記録の書き方、評価のしかた』ひとなる書房、2009年より抜粋

あゆみノート（発達プログラム・児童票）

名前	まい	3歳	8ヶ月	ちゅうりっぷ 組			
平成	20 年	12 月	12 日	記録者			

子どもの姿（遊び・エピソード）

　前日に「明日、散歩に行くんだけどまいさん、ゆうさんと手をつないでくれる？」と聞くとまいさんは快く「うん、いいよ」と答えてくれた。当日散歩に行く時、まいさんに「ゆうさん、お願いね」と言うとまいさんはゆうさんのところに行き「ゆうくん、手をつなごうよ」と言ってゆうさんに手を差し伸べた。すると、ゆうさんもうれしそうに手を出してつないだ。

　歩きながら、まいさんはゆうさんに「散歩って楽しいね」など言葉を掛けていた。

　途中、信号機で止まるとゆうさんの手を引き「赤は止まって待つんだよ」と得意気に話した。それを聞いたゆうさんはまいさんの顔をじっと見つめ「うん」とうなずいた。

　又、ゆうさんが車道の方に出そうになると「そっちは車が来るから危ないよ」と言いゆうさんの手を引き歩道の方に引き寄せた。保育者が「まいさん、よく気がついたね。ありがとう」と言うと「だって、まいお姉さんだもん」と笑顔で答えた。

　陵東公園に着くと、保育者の後を追いかけ土手登りをしながら後からついてくる友達に「ここは木がないからだいじょうぶだよ」とか「まいの後をついてくれば簡単に登れるよ」などの声をかけながら歩き1番に土手を登りきった。そして、あたりを見渡すと「いっぱい、鉄棒みたいのがある」と言ってそこにあった遊具を全て楽しんだ。

　帰りもゆうさんと手をつなぎ「楽しかったね、また散歩行こうね」と言い、ゆうさんの手をひき保育園まで楽しそうに帰った。保育園に着き「まいさん、ありがとう」と言うと「まい、ゆう君大好きだから大丈夫だよ」と笑顔で答えた。

（子どもの活動写真添付）

あゆみノート（発達プログラム・児童票）

名前　　まい　3歳　8ヶ月　ちゅうりっぷ　組		
平成　20年　12月　12日　　記録者		

| 生活
⬭食事⬭
睡眠
排泄
⬭健康⬭
安全 | 次への課題と配慮
・少しずつ自分から意識して食器に手を添えたり、椅子にまっすぐに座るなどマナーを気にして食べるようになってきたので、さらに上手に食事ができるようにていねいに関わっていく。

・手洗い、うがいなどをていねいに関わり、衛生面について気がつけるようにしていく。

・服が濡れたり、汚れた時に声をかけると気がついて着替えるようになってきたので、自分でも気がついて意識的に着替えられるようにしていく。 | 反省（子どもの思い）
・保育者に「こうだよね」と確認したり、食べこぼさずに食べると「きれいでしょ」と意識しながら話していた。

・手洗いは自分から進んで行なうようになってきたのでうがいもうまくできるようにやり方を伝えていく。

・濡れたり、汚れたりすると自分で気がついて着替えるようになってきた。 |
| あそび
⬭人間関係⬭
居場所
繋がり
貢献
⬭言葉⬭
⬭表現⬭
⬭運動⬭ | ・時々トラブルもあるが友だちと相談をしながら遊びを発展させていたので、さらに遊びが深まっていくように関わっていく。
・ボールなどの遊具を使って友だちや保育者と簡単なルールで身体を使った遊びを楽しんでいく。
・動物や魚など自分の好きなものを表現したり歌に合わせて身体を動かして楽しむようになってきたので、さらにのびのびとした表現活動ができるようにしていく。 | ・少人数でのごっこ遊びを友だちと相談しながら長い時間集中して遊ぶようになってきた。
・友だちや保育者を誘ってサッカーやボールの投げっこをしたり、友だちと順番を守りながら縄跳びや鉄棒を楽しんでいた。
・象やわに、ポニョなどいろんな動物や魚をイメージし、身体を使って表現活動を楽しんでいた。 |

保護者と子どもの関わり。
家庭での子どもの発見、楽しかったこと、困ったこと、嬉しかったこと、驚き、要望等

・いつもありがとうございます。
　家でも頼られると得意気になって行動するようになりました。
◎最近のブームは「だってまいお姉さんだもん!!」とか「もうすぐかっこいいすみれさんだから」と言って色々と取り組む意欲を見せてくれます。
・…しかし…🎵
　お片付けとオムツはもう少しですねぇ…🎵
　まい、ガンバレぇーっっ!!!

第4章　児童票・保育所児童保育要録の書き方　91

あゆみノート（発達プログラム・児童票）

名前	たける	5歳	1ヶ月	ばら 組			
平成	19年	12月	6日	記録者			

子どもの姿（遊び・エピソード）

　交通安全指導で園周辺を散歩するため、外へ出てみると、
「で〜き〜な〜い〜！」と叫んでいる声がしたので、
「どうしたの？」と聞くと、上着のチャックが閉められず、たけるさんが困っていた。最初の部分だけとめて、ファスナーをあげるように言うと、できたことが嬉しかったのか、ニコニコしながら上までチャックを閉めていた。
　しかし、もうほとんどの友だちが手をつないで並んでいたので声をかけると、
「オレはまさきと手をつなぎたいんだよ〜」と言いながらも、なぜか隣に立っていたかれんさんに手を伸ばして、2人で手をつなぎ歩き始めた。
　道路に出ると、「クリスマスの飾りあるよ」「キラキラするんでしょ？」「あ、イヌがいる」「オレもイヌいる」「あと、ハムスターもいるんだよ」と楽しそうにおしゃべりをしながら歩いていた。
　信号に着き、皆で確認してわたることになった。たけるさんは前から3番めと言うこともあってか、あまり左右を見ようともせず、前の友だちについて歩き、信号を渡っていた。
「たけちゃん、ちゃんと見た？」と聞くと
「え〜、みたよ〜」と体をクネクネさせてたり、下を向いたりしながらニコニコしていた。
　その後道路を歩いていると、突然その場に座ってみたり、マンションの入り口に入っていこうとしたりして、その都度友だちから
「たけちゃん、ちゃんと歩いてよ」と言われ、言われるたびにニコニコしていた。
　そして、信号のない交差点についた。今度は2人組みでわたることにしたので、自分で確認しなければいけないが、一緒に手をつないでいた子が確認せず、飛び出そうとした。すると、
「おい、ちょっと待てよ、まだだよ」と手を引き、きちんと左右の確認をして、「渡れる」と言いながら渡り始めた。
「たけちゃん、すごいね、ちゃんと右と左見てたね」と声をかけると、
「だって、オレできるから」と自信満々の顔で答えていた。

（子どもの活動写真添付）

あゆみノート（発達プログラム・児童票）

名前　　たける　　5歳　　1ヶ月　　ばら　組				
平成　　19年　　12月　　6日　　　記録者				

生活	次への課題と配慮	反省（子どもの思い）
○食事 ○睡眠 排泄 ○健康 安全	・食事中横や後ろを向いて、床へ食べ物を落としてしまうことが多いので、きちんと座って食事ができるようにその都度声を掛けていく。 ・布団に入っても動き回ったりして、落ち着かないので、ホールに入ったら静かにすることを、その都度伝えていく。 ・トイレの後や外から帰った後など、手洗いやうがいの習慣をつけ、身の回りの清潔を心がける。 ・汚れ物をそのままロッカーに放り投げたままにしていることがあるので、自分の持ち物は自分で片付けられるようにしていく。	・周りで声がするたびにあちこち向くので、そのたびに周りにこぼしてしまうことが多かった。 ・声を掛けたり保育者が側につくことで静かに眠れるようになってきた。 ・<u>手の汚れを気にせず、食事しようとしていることが多かった。</u> ・声を掛けると袋に片付けていたが、見ていないと放り出したままのことが多かった。
あそび ○人間関係 居場所 繋がり 貢献 ○言葉 表現 ○運動	・仲の良い友だちと遊んでいるが、ちょっとしたことでトラブルになり、乱暴な言葉を使ったり、手が出てしまうことが多いので、保育者が仲立ちとなり、落ち着いて話ができるようにしていく。 ・話を最後まで聞かずにふざけて遊んだり、動き出してしまうので、落ち着いて人の話を聞けるようにする。 ・ルールを守って遊んだり、友達と一緒に走ったり、踊ったりして楽しむ。 ・発表会では楽器の使い方を知り、好きな楽器を選んで合奏を楽しんだり、自分のやりたい役を友だちと一緒に表現しながら劇遊びを楽しむ。	・つい手が出てしまうこともあるようで、訳のわからないままトラブルになってることがあった。 ・後から確認するとわかってないことが多いので、わかりやすく話をしていくようにする。 ・でんぐり返しや鉄棒など興味を持って真剣に取り組み、しばらくは玉入れでも遊んでいた。 ・オオカミの役がとても気に入ったようで何度も繰り返し遊び、楽しんでいた。

保護者と子どもの関わり。
家庭での子どもの発見、楽しかったこと、困ったこと、嬉しかったこと、驚き、要望等

ばらさんでの一年間、あゆみノートを振り返ってみて少しは成長しているのかなと思う。<u>前回と同じようなことを注意されているようですね。</u>親としては、園での様子は未知に等しいので発見と驚きの連続です。お友達や先生との関わりをもって、いろいろな体験や思いやり家庭では教えることのできない団体行動などを学んで欲しいと願っています。本当に園での生活が大好きな子なので最後の一年、たくさんの思い出ができるようにしてあげたいです。一年間ありがとうございました!!

第4章-2 「保育所児童保育要録」の書き方

限られた範囲に記入をまとめるむずかしさ

　平成21年度から、保育園も、子どもの育ちを支える資料として「保育要録」を小学校へ送付する責務を果たすことになりました。これにより、子どもたちの育ちの過程をふりかえり、小学校に伝えたい内容を文書できちんと残す必要性を確認できたのではないでしょうか。

　とはいえ、初めての作業では戸惑いや苦労もあったようです。市町村で急ぎ作成された保育要録の様式は、保育指針解説書に提示された参考例とほとんど変わらないものが多く見られました。作成されたかたたちの意見のいくつかと、それに対する筆者の所感を紹介します。

(1) 研修会では、「入園から年長までの育ちを書くことが最も望ましい」といわれたが、記入のスペースが少なく、年長児の生活や育ちが中心になった。
　⇨子どもの育ってきた過程が見えるものでなければ保育要録の意味はないように思います。入園から卒園までの育ちのドラマを記述するスペースを、十分に確保する必要があると思います。

(2) 記入欄で養護と教育を分けて書く必要があるのか。両者を分けて書くことはむずかしいのにそれを求められて困った。
　⇨「養護と教育が一体的に展開されること」が保育の特性です。保育指針で養護と教育のねらいおよび内容を分けて示したのは、それぞれに内在している深い意味内容を掘り出し、文章化によって、その重要性を共通確認していくためだったのではないでしょうか。本来、子どもたちの生活やあそびにおいて、養護と教育は表裏一体であり、切り離せるものではありません。保育要録の記述でこれを分けることは、混乱を招くおそれもあると思います。

伝えたいことと知りたいことが合致するように書く

　保育要録は、保育園と小学校をつなぐ「一人ひとりの子どもの生活と発達の連続性」を重視した記録であり、保育者から小学校の教員にぜひとも伝えたい、子どもの育ちの理解を助けるものであってほしいと思います。

　したがって、保育園での子どもの生活や育ちのドラマをいかに伝えるか、

相手に読んでもらえるように書くことが最も重要だと思います。そのためには、送り出す側が、ぜひとも知らせたいことと、受けとめる側が知りたいと思っている情報がかみ合うことが大事です。

　小学校の教員に、保育要録に書いてほしいことをたずねたところ、以下のような回答がありました。

（1）健康状態（アレルギー、視力、食事制限の必要性、生活リズム、今までどんなケガをしたかなど）。
（2）子どもの育ちの姿だけでなく、保育者の指導や援助の進め方。
（3）親子関係について、保護者の養育態度や親子の関係性。
（4）その子どもにかかわるコツや癖、子どもの日ごろの夢や願いなど。た

〔事例 4-2-1〕（個人名・保育所名・担当保育者の名前などの欄は省略）

保育期間	平成●年 6 月 1 日〜平成○年 3 月 21 日（5 年 10 か月）

①6か月より保育をする。本児は活動的で、とくに体育的なあそびが大好きである。跳び箱などは尻込みすることなく、自分ができないと何回でも挑戦し、自分のものにしてしまうよさがある。しかし、安全面では保育者が見過ごすと「ケガ」につながる行動もあったので十分注意してきた。
②自分の思っていることを「ことば」にすることが苦手で、行動で訴えることが多い。「ふれあいあそび」が大好きで、保育者に甘える。1 年を通して本児とのかかわりを多くもち、落ち着いて生活できるようにした。

養護（生命の保持及び情緒の安定）にかかわる事項	（子どもの健康状態）
③自分の思いが相手に伝わらないと泣き叫んだり、暴力行為になる。1 対 1 でおだやかにかかわり、気持ちを落ち着かせ、本児の気持ちを引き出し、安定につなげていった。	良好

項目		教育（発育援助）にかかわる事項
健康		・基本的生活習慣は自立しているが、ていねいさに欠ける。整理、整とん、手洗いなどは確認する必要がある。活動的であるが、安全に対する意識は薄い。
人間関係	事項（詳細の記述は省略）	・④見た物が欲しくなったり、あそびのなかで順番を守らずトラブルは絶えない。自分の思いが通じないと泣いて暴れる。まずは落ち着かせ（気持ちをわかってあげて）、ルールがあることを知らせてきた。
環境		・⑤生きものが大好きで、時間の過ぎるのも忘れて世話をしている。本児の目が一番輝き、気持ちも落ち着いているときのように思い、十分にその時間を保障し、見守るようにしてきた。
言葉		・読み聞かせの時間は大好きであるが、集中時間が短い。保育者が1対1で絵本を読むことを多くした。まだ文字への興味はない。
表現		

（コメント）
①年長児クラスの担任が書いたためか、5 年 10 か月もの保育過程（育ちのプロセス）がなく、記述内容がどのクラスでのことだったかも明確になっていません。実際には、入園からの記録を読み直す時間がなかったのではないかと推察します。もっと育ちをていねいにふりかえって書いてほしかったと思います。また健康状態はとくに問題ないとしても、日ごろの食欲や安全への配慮、自分の体調に関する意識などが書けるとよかったのではないでしょうか？
②③下線の具体的な状況を例として書くとわかりやすいでしょう。また、なぜすぐ乱暴な行為となってしまうのか、行為の意味を考え、担任の子どもへの観方、かかわり方をもっと具体的に書いてほしいところです。
④具体的な記述でわかりやすい書き方です。
⑤その子のよいところが表記されています。
　左の項目の 5 領域は、「5 つの窓からその子どもの発達を見て、確認していきましょう」というものです。各領域の事項を押さえながら育ちを記述していくとよかったと思います。

第 4 章　児童票・保育所児童保育要録の書き方

とえば内気な子であまり話をしない
ものの、飼っている犬の話になると
目が輝くなど。

　保育要録に求められるのは、その子
どもの姿を克明にとらえ、その子にふ
さわしい指導や援助のあり方をつかむ
ことであり、それによって集団として
の保育展開が見通せるようになるのだ
と思います。知らせたい、知りたいが
かみ合うものでありたいですね。

（独自様式の例）
各年齢時の担任が
「育ちの過程」を記述する

　95頁の〔事例4-2-1〕のように卒
園前の忙しい時期に、年長クラスの担
任がひとりずつ児童票などを読み返し
ながら、入園から現在までの育ちを書
くことはとてもたいへんです。また、
94頁で指摘した「養護と教育」を別々
に書くむずかしさも、この様式は解消
しています。

　97頁の様式の特徴は、入園（〔事例
4-2-2〕では2歳児）から各年齢時の
担任が年度末に記述するということで
す。簡単な工夫ですが、1年ごとに記
述することで育ちの過程がよく伝わり
ます。具体的な書き方は、とくにその
子どもの成長ぶりで心に残ったことが
らを書くようにしています。

　98頁の〔事例4-2-3〕は、配慮が
必要な子どもの保育要録です。最も大
切なのは、その子どもらしい育ちのプ
ロセスが伝わることです。入園から卒
園までの子どもの発達の力、おとなの
援助を支えに葛藤を乗り越え育ってい
く、たくましい子どもたちの生きる力
のドラマが明記されることを願ってい
ます。

子どもに対して
否定的な印象を残さない

　保育要録では、子どものよさをどれ
だけ語れるかが重要です。そのために
も、保育者のかかわり、具体的な援助
のあり方を書くことが求められます。
たとえば「責任感がある」「思い通りに
ならないとパニックになる」などの抽
象的な書き方がまだ多いようです。ど
ういうことがらに対して責任感が見ら
れるのでしょうか？　どういう状況の
ときにパニックになるのでしょうか？
そうした内容を具体的に書くことで、
子どもの姿がみえてきます。

　課題はありますが、保育園での子ど
もたちの育ちのようすが、保育要録に
よって小学校に送られるようになった
ことは大きな前進です。記述した保育
要録の評価を園全体で行い、今後に向
けた改善をめざしてほしいと思います。

〔事例 4-2-2〕児童要録「一人ひとりの子どもの育ちが伝わってくる事例」

ふりがな	△△△△　△△△△	性別	就学先	□□□□　小学校
氏名	○　○　○　○	男	生年月日	平成●年○月□日生

保育所名および所在地・電話番号	
保育期間	平成○年4月1日～平成▲年3月31日

子どもの育ちにかかわる事項	子どもの健康状態
平成（　　年度） 0歳児組 （担当保育士名　　　　）	3歳児クラスまでは、風邪をひいて欠席することが多かった（年間20日くらい）。4～5歳児クラスになってからは、体力もついてきて休むことも少なくなった。
平成（　　年度） 1歳児組 （担当保育士名　　　　）	
平成（○年度） 2歳児組 　4月に入園。両親と弟の4人家族。親から「お兄ちゃんだから泣かないでね」といわれ続け入園したため、泣かずに2週間過ごした。そのため、園に慣れるまで2か月近くかかってしまった。外あそびを拒み、室内にいたがったが、「うさぎや鳥がいるから見に行こう」といわれると喜んだ。生き物に興味があったようだ。砂、泥は拒み、三輪車に乗ることが多かった。　　（担当保育士名　A　）	その他伝えたいこと
平成（▽年度） 3歳児組 　夏の水あそび、プールあそびをきっかけに、砂や泥あそびなど（手が汚れるもの）でも少しずつやるようになった。何でもきちんとできなければいけないと両親から期待されているためか、新しい活動になると、「できない」「やらない」と尻込みする。両親と懇談し、失敗することを大事な経験として認めていこうと確認する。　　（担当保育士名　A　）	
平成（▼年度） 4歳児組 　新しく入ってきた子と友だちになり、表情が明るくなり、ふたりの会話もよく聞かれるようになってきた。しかし、まだ課題のある活動を促されると「これでいいの？」と不安そうに聞いてくることが多い。「うまくできないときにどうすればよいか、考えようとすることが大切である」と伝え、一緒に考え、励ましてきた。　　（担当保育士名　B　）	

年長組〈平成■年度〉養護・教育	健康	・情緒の安定 ・基本的生活習慣（食事、生活リズムなど） ・運動、安全	両親から「お兄ちゃん」と呼ばれるのではなく、「○○ちゃん」と名前を呼んでもらうようになり、思うようにできないことがあっても、「どうしよう？　どうすればいいかな？」と、周囲に支えてもらうようになり、自信がついてきた。運動会では「苦手なことにひとつ挑戦してみよう」と、保育士に促され、「ぼくはのぼり棒だ」とやる気になり、上まで登れるようになるという自分のめあてを、友だちに励まされながらやりとげた。
	人間関係	・おとな（家庭、保育士等）とのかかわり ・子ども同士のかかわり ・ルールや約束事	5月の小運動会のとき、リレーで転んでしまったが、同じチームの友だちみんなに「○○ちゃん、最後までがんばって！」と力強い応援を受け、泣きながらゴールインできたことで、友だちに認めてもらえた。それがきっかけになり、大勢の友だちと一緒にあそぶようになった。ルールや約束事は率先して守っている。
	環境	・自然や身近な環境に対する関心 ・命の尊さ、疑問 ・生活の中での物の性質、数量、文字への関心	セミや虫とりに夢中になる。夏に家族で田舎に行き、かぶと虫を3匹捕えてきて家で飼っていたが、そのうちの1匹が死んでしまった。その日、登園すると、保育士や友だちに「死んだら生きかえらないんだ！」「何で死んじゃったかわからない」と、悲しそうに訴えていた。生命あるものにふれ、育てる経験を通して生命について本気で考えるようになった。1匹、1羽、1本など数詞を正確に使い分けている。
	言葉	・自分の気持ちを言葉で表現する ・人の話を聞く力 ・絵本、お話に親しみ、人と心を通わせる	人の話はよく聞いている（理解している）。保育士から「○○ちゃん、このことどう思う？」と聞かれると、すぐ答えることはないが、しばらくして「ぼくはやれないかもしれないけれど、やってみたい」などと、自分なりの思いや意思を伝えられる。自分が納得してやる気になったことは、たとえば、グループでのおみこし作りなど、友だちと意見の衝突があっても、お互いにイメージを伝え合い最後までやり通す。
	表現	・感じる心とからだ ・考えたことを表現する力 ・イメージの豊かさ	保育士が読み聞かせる昔話や童話を楽しみにし、「早く昨日の続き読んでもらいたい……」といってくる。『龍の子太郎』『エルマーのぼうけん』などの勇気ある男の子の話が好きで、よく絵に描いて見せにくる。絵本や物語の主人公に憧れ、少しずつ強い心（やさしい心）を育んでいるように思う。

園長名		印	担当保育士	B	印

〔事例 4-2-3〕発達に遅れがある子ども

保育期間	平成 18 年 4 月 1 日　〜　平成 22 年 3 月 31 日（4 年○か月）

子どもの育ちにかかわる事項	
①・2 歳児より入園 ・出生時早産（24 週）、出生時 614 g ・入園当初から 2 年くらいは多動傾向（いつの間にか部屋を抜け出し、興味のままに動いていた）が見られたが、予測をたてて、前もって声かけするなど配慮していくことにより、5 歳児くらいになるとクラスみんなとの活動の場にいられるようになってきた。	発達経過観察のため、定期的に県立医科大学に通院（多動傾向あり）5 歳になってから発達障害専門の小児科クリニックに通院（おもに知的面での指導を受ける）。

養護（生命の保持及び情緒の安定）にかかわる事項	（子どもの健康状態等）
・家庭でのゆったりしたかかわりと、園でもできるだけ否定的な言葉は使わないようにしていたこともあってか、おとなの話を素直に聞き、情緒的には安定している。 ・身が軽く、運動あそびはとても意欲的、積極的で、なわ跳び、跳び箱など習得するのも早いが、こわいもの知らずなところがあるので、傷、事故に配慮が必要。	・風邪をひきやすい。

項目	④教育（発達援助にかかわる事項）	
健康	・明るくのびのびと行動し、充実感を味わう。 ・自分のからだを十分に動かし、進んで運動しようとする。 ・健康、安全な生活に必要な習慣や態度を身につける。	・身軽でからだを動かすことが大好き。運動の能力は高く、できるまで取り組み続ける意欲はすごい（なわ跳び、跳び箱、鉄棒等、誰よりも早くできるようになる）。 ・他児のすることや保育者のすることをよく見ていて、まねたり、手伝いをすることをとても喜ぶ。考えて行動するより、見て取り込んでいくタイプのように思う。 ②・友だちとイメージを共有してかかわることは苦手で、保育者が間に入り、思いを伝え合うようにしている。 ・数を唱えられても、数の理解は 3 くらいまで。 ③　個別配慮が必要。 ・発音が不明瞭なところがあり、聞き取りにくいときは、ゆっくりと会話するように心がけている。 ・抽象的思考や物語、お話、絵本は苦手。 ・園での活動は、どんなことでも嫌がらずに喜んで参加し、楽しんでいる。
人間関係	・保育所生活を楽しみ、自分の力で行動することの充実感を味わう。 ・身近な人と親しみ、自然と触れ合うなかで、さまざまな事象に興味や関心をもつ。 ・社会生活における望ましい習慣や態度を身につける。	
環境	・身近な環境に親しみ、自然と触れ合うなかで、さまざまな事象に興味や関心をもつ。 ・身近な環境に自分からかかわり、発見を楽しんだり、考えたりし、それを生活に取り入れようとする。 ・身近な事物を見たり、考えたり、扱ったりするなかで、物の性質や数量、文字などに対する感覚を豊かにする。	
言葉	・自分の気持ちを言葉で表現する楽しさを味わう。 ・人の言葉や話などをよく聞き、自分の経験したことや考えたことを話し、伝え合う喜びを味わう。 ・日常生活に必要な言葉がわかるようになるとともに、絵本や物語などに親しみ、保育士等や友だちと心を通わせる。	
表現	・いろいろな物の美しさなどに対する豊かな感性をもつ。 ・感じたことや考えたことを自分なりに表現して楽しむ。 ・生活の中でイメージを豊かにし、さまざまな表現を楽しむ。	

（コメント）

①必要事項は押さえられているように思います。が、もう少し 3 歳児クラス、4 歳児クラスのときの特徴的な育ちを記述しないと、どのように育ったのか過程が見えてきません。

②大切な記述です。どんなとき、どういうことでイメージの共有がむずかしいのか、具体的に記述されるといいですね。

③ここも、具体的に記述すると伝わってきますが……。

④教育（発達援助にかかわる事項）は、左側の 5 領域のねらいに関する現在の姿と関連づけて、具体的に書いてください。

第5章
実践記録を書き、実践研究に取り組む

第5章-1 実践記録の書き方と実践研究の進め方

　仕事柄、実践報告を聞くさまざまな機会があります。素晴らしい実践はもっと多くの保育者に知ってもらいたいと思い、実践記録を書いていただくようにお願いするのですが、「まとめ方がむずかしい」「自信がない」と辞退されることがよくありました。

　実践記録は書くことが義務づけられていません。しかし、日ごろ保育者は目の前にいる子どもたちのことや、自分自身の保育について、いろいろ考えたり悩んだりし、ときには保育の面白さにワクワクすることもあるでしょう。そんな日常の保育で保育者が感じた中身を、自分に問いかけるようにテーマをもって書いていくのが実践記録です。保育者はみんな、自分の保育実践をよりよいものにしたいという願いをもっています。そのためには、保育の関心事や疑問、発見したことなどを、書くことで意識化し日常を少し違った角度から見つめ直し、新たな気づきを見いだしましょう。「何を」「どう見て」「どう記録し」「どう解釈するか」を整理して書くことが大切です。

実践記録の書き方

1. 題（テーマ）の設定
　記録の中身がひと目で伝わるものとして、また書き手が一番伝えたいことなど、記録をまとめるための視点です。それによって内容の焦点が絞られ、文章が書きやすくなります。

2. 書き出し（はじめに）
　「なぜこの記録を書くのか」を明確にします。さらに園の概要、クラスの子どもの数、保育者の数なども明記します。概要として別項目にすることもあります。

3. 展開
　ア：記録の日時と場所／イ：読者がそのときの状況を事実に基づいてイメージできるよう会話も含めた具体的な記録／ウ：そのときのテーマと状況に関して「記録者がその場面で学んだこと」「その行為の意味は？」「その行為は生活全体の文脈とどうかかわっているか」などを明示します。

　実践記録とは子どもと保育者との関係性から成り立つものなので、保育者の課題意識などが読み取れるように記述します。テーマによっては、これまでの日誌や連絡帳、児童票などから抽出したものを時系列にそって書くこともあります。

4. 反省と考察および事践記録（事例）のまとめ方

実践記録の決め手になるところです。明らかにしたいことは何だったか？その意味がしっかり伝わるよう締めくくります。押さえるべきことはまず、子どもの育ちや変化についてです。たとえば、特定の子どもや保護者との関係性の改善についてまとめるときなどは、その関係性がどう変化していったか、その過程を整理し、さらになぜ改善できたのか、といった理由を具体的に考察します。また、環境の改善や工夫には写真やイラストを添えておくとわかりやすいでしょう。

〔事例 5-1-1〕で紹介する記録は、

〔事例 5-1-1〕鼻水まで噴き出して訴える 2 歳児の激しい自己主張・自我の育ちを知る

はじめに

まだことばで自分の要求を訴えられない 2 歳児にとって「わかってもらえない思い」がどんなにつらく悔しいかを、鼻水をフーンと噴き出してまでも訴えたかったさなちゃん（2 歳 1 か月）の行為から、「自分のつもり」をわかってもらうことの大切さを学ぶ。
1 歳児クラス（子ども 10 人、保育者 2 人）朝のおやつ後のあそびの場面

展開

ともちゃん（2 歳 3 か月）が絵本棚から取ろうとした本を「ちびの」（自分のことをちびと呼んでいた）といってさなちゃんが奪い取ったので、そばにいた私が「それはともちゃんが見ようとした本だからさなちゃんのじゃないでしょ。ともちゃんにちゃんと返しなさい」と強く言い切ったところ、彼女はいったんは絵本をともちゃんに返したものの、気持ちが収まらないといわんばかりに絵本棚の本を片っ端から落とし、それでもまだ気持ちが収まらず、床にうつぶせて泣き、手足をバタバタさせて怒り続けた。私はともちゃんをひざに乗せ、絵本を読んであげていたが、さなちゃんは私の顔をにらみつけて、今度は何も出ていなかった鼻水をわざとフーン、フーンと噴き出して涙と鼻水でくちゃくちゃの顔を見せつけた。さなちゃんが「ちびの」という一語で言い表したかったことばを私はしっかりと理解しようとしていなかった。その一語に込められた思いはよくわからないが、「私もこの本好きだから見たい」という気持ちを、絵本を取り上げるという行為で示したのかもしれない。それを一方的に「返しなさい！」としかられ、「取るつもりじゃなかったのに！」と反発したかった気持ちが鼻水を噴出させたのかもしれない。そう思って「さなちゃんごめんね、ともちゃんと一緒に絵本見ようか？」というと泣きやみ、唇をかんで立ちあがり私のひざに座った。

反省と考察

自分の思いをわかってもらえないと感じたとき、保育者に「ばか」といったり、ほおを膨らましプウと息を吐き出したり、「いーだ」という子もいる。さなちゃんの鼻水も息も「ばか」「いーだ」と発することもみんな、ことばに代わることばだったと思った。さらに重要なことは「返しなさい」といわれて本を返したものの、それでは何としても収まらなかった気持ち、「この対応には納得できない」と訴える強い思いが存在していたこと、その心があふれて鼻水を噴き出す行為になったのだ。出ていない鼻水を噴き出してまでも訴えたかった思い、それは紛れもなく「わたしはそういうつもりじゃなかったのに！」と主張したかった自分なりの"つもり"、自己存在の証、自我、ではなかったかと。自我が育ってくると、ことばは単に「理解できたかどうか」だけでは済まされない。「わかっていても自分としては納得できないから聞き入れるわけにはいかない」など、他人のことばを選んで聞く、判別するなどの作用が伴うことを学んだ。今まで私はよく「わかった？ わかったらちゃんとやってね」などと一方的に子どもに言い聞かせることがあったが、子どもが保育者のことばをどう聞き判断するかを見極め、待つことが求められるのだと考えさせられた。

人間同士が織りなす関係、言い換えれば「自分なりの心の世界をもったひとりの人間として子どもを理解していく意味」を与えられた実践だと思います。

実践研究の意味とその重要性

保育における実践研究とは、「日常の保育をふりかえり、省察によって問題点を発見し、それを改善して自分（自分たち）の実践を向上させることをねらいとした研究」です。日常を少し違った角度から見つめ直し、新しい見方、新しい事実を見いだすことでもあります。それは単に自分（自分たち）のためというだけでなく、研究の結果を公開し、仲間と交流し合うことで、自らの実践をより豊かに進歩させていくことになります。

実践報告は、現場の実践活動の経過報告であり、それだけでは実践研究とはいえません。広辞苑によると「研究」とは「よく考え、調べ、真理を究めること」「問いを明確にして知りたいことを知ること、即ち問いに対する答えを探すこと」とあります。

保育者が実践研究をするというと、何かひときわむずかしいことに取り組むといったイメージがあるようです。とりわけ、各種の研究大会などで指定される「発表するための研究」といった誤解もあったようです。保育者が、自分たちの保育を改善した結果として研究発表をすることはあるとしても、「発表のための研究」ではなく、自分たちの知りたいことをテーマとして追求

していく研究であってほしいと願っています。言い換えると、自分（自分たち）の保育実践で直面する課題を解決し、保育の質の向上を図っていくための「理論と方法」を、保育の主体者でもある保育者たちが自ら構築していく営みであるといえましょう。そのためには保育者が自分の保育（保育観）を自覚していくこと、自分の書いた実践記録から考察、省察を重ねていくことが最も重要になります。

とはいえ、先にテーマが与えられ、それについて一定の期間で研究をしなければならないという場合もないわけではありません。その際には「研究目的の明確化⇒研究計画⇒研究経過、結果の考察⇒総括」といった一連の過程を経ながら、その研究に取り組む意義（目的)を明らかにすることが重要になります。保育は、実践とそれをめぐる思索（反省、考察）によって成り立つものです。実践研究が研究になるためには、ひとまとまりの構成（上記の研究の目的、方法、実践記録による展開、テーマ・課題に対する結果と考察など）が満たされていることが必要になります。

研究の目的、動機をつかむ

基本的には、身近な実践のなかで生じた疑問を自分に問いかけるかたちに表現してみます。たとえば、次のような場面です。

"散歩に出ると子どもはなぜ棒を手にしたがるのか？　これまでは「棒は

危ないから……」と、次つぎ取り上げることしかしてこなかったが、何度取り上げられても子どもはまた棒を拾ってくる。なぜなのか？"

先にも述べたように、研究とは、これまで当たり前に行ってきたことを少し違った角度から見つめ直してみることでもあり、それによって新たな気づきが生まれます。

"ただ取り上げるだけでなく棒で何をしたいのか、よく見てみよう"そう考えて子どものようすを観察、記録し、自分なりの回答を出していきます。

以下の記録例を見てみましょう。

〔記録例〕

> あきお（2歳）は落葉のたまったところに棒を突っ込み何か探しているようす。以前にどんぐりを拾ったことがあるところなので、もしかしたらまたどんぐりを探そうとしているのかもしれないな……。棒は子どもの手の延長として、湿っているところや汚いところを探るときの道具になっているわけだ。
>
> まさしは地面に棒で線を描いている。誰に教えられたわけでもないのにいつから覚えたことか……。
>
> ゆう子は短い棒をマイクに見立ててアナウンサーになったつもりで、友だちとおしゃべりを楽しんでいる。
>
> 棒は、子どもたちにとって自分の要求や願いを表現する大事な「見立てふりあそびの道具」だったのかもしれない。危ない扱い方に対しては、それをしっかり伝える

> として、意味のあるものに活用しているときは「いいもの見つけたね」と認めていこう。

このように、保育者の考えや発見を書くことによって、ほかの人とそれを共有していくことができます。自分の保育を高めていくには、自分の考え方を他人にわかってもらえるように文章化（言語化）していく必要があります。他者が読んでこそ発展があります。

研究の動機、目的は、知りたいことや確かめたいことが出てきたときに生まれます。そして自分たちの保育を保育者間で確かめ合ったり、相互理解して連携をスムーズにしていくときに意味をもちます。研究の目的はあくまでも「問いに対する答えを探すこと、知りたいことを知ること」だと、考えられるのではないでしょうか。

保育研究の考え方・すすめ方

第1章（11頁）で、「文章を書く基本は3分節」と述べています。論文を書くときも一般には、序論、本論、結論で構成します。それが思考の法則、事物の発展の法則にそっています。平成17年に全国保育士会研究紀要委員会でまとめた『保育研究の考え方、すすめ方』を参考にしながら紹介します。

1. 序論（はじめに）

研究の動機、理由、意義、問題の所在、目的、これまでの経過や研究にかかわる理論的背景などを述べます。

〔事例 5-1-2〕自然物の変化から季節を感じる・絵グラフから数への関心をもつ

(タイトル) トマトが終わる季節に	(ねらい) トマト栽培を通して、その生長と収穫を喜び、トマトの終わる季節をみんなで感じる	
H22 年 10 月 28 日	5 歳児	
背景	・園庭に野菜畑がある。 ・10 月になっても青いトマトがなり続け、なかなか苗を抜くタイミングがわからない。「もうトマトあんまりできんなあ」とトマトの苗を抜いてしまおうかという話も出た。いざ畑に行くと「先生この青いトマトかわいいよ」「ぼくがみつけたで、けいちゃんトマトや」と名残惜しそう。トマトを見るたび、「けいちゃんトマト大きくなってるわ」と嬉しそうに見守り、10 月末になる。名残惜しい気持ちも大切だが、トマトの時期が終わっていくという季節の変わり目も感じてほしい。	
子どもの姿と保育者のかかわり	けい　「おーあった、あった、けいちゃんトマト」 ゆみ　「あれっ？　裏側が黄色い。先生、けいちゃんトマト黄色くなった」 たえ子「あーやっぱり寒いで。これ、けい君持って帰りね」 (けいは寂しそうだけど、腐ってしまったから、なんだか嫌そう。よし気持ちを聞いてみよう) 部屋に戻ってみんなで集まり、けいのトマトのことを紹介する。 けい　「僕のトマト赤くならんかったんやって」 みんな腐った部分を見て「ほんとやー」「せっかく大きくなったのに」と口ぐちにいう。 (悲しい気持ちもあるが、どうして腐ってしまうか、季節の変化を知ってほしい。考えてみよう) トマトのとれた日と、とれた個数を絵グラフで描いた表を子どもたちに見せる。 保育者「トマトってこんなにとれね。何月にいっぱいとれた？」 子どもたち「8 月と 9 月」保育者「今は？」子どもたち「10 月……」 保育者「10 月はときどき、2 個とか 1 個だけやね。もうすぐ 11 月だね。何でけいちゃんトマトは赤くならんかったんか？」 みゆ　「昼は暑いけど、朝は寒いし、だんだん寒くなってきたでじゃない？」 ゆみ　「ほら、トマトは太陽の光を食べて大きくなるんやよ」たくや「トマトは夏のお野菜や」 (変化は感じているな。今、なっているトマトがどうなるか聞いてみよう) 保育者「ほかにもたくさん青いトマトがなっているけど、どうなるかな？」 まさと「トマトやと思ってとると、後ろのほうがグニャってなって気持ちが悪い」 しょう「ほんでそのまま畑に落ちてしまう」 保育者「そうやね。大きくなっても朝と夜は寒いでお日様の光が足りんよーって、大きくなる前に腐ってしまうね。もうおいしいトマトにならんね」(みんなよくわかっているな。じゃあたくさんなっている、あの青いトマトは名残惜しいけど、どうしようか。みんな苗をとってしまっても大丈夫かな。聞いてみよう！) 　　　　「青いのやら赤くてもお尻が腐ってきているトマトがいっぱいあるけど、どうする？」 みゆ　「もう抜こっか」みんな「うん」まさと「ほんならとったトマト、切って模様見よっさ！」 ゆういち「あー、ほやっ、野菜スタンプにしよ」※ほやっ…そうだ みゆ　「みんなたくさん食べたんやで、少しくらいカラスさんにあげよう」 ということで、少しカラスのためにとっておく以外は抜き、青いトマトはあそびに使うことになった。	
反省・評価	・苗を保育者だけで始末してしまうより、子どもたちにも育てたものの終わりを感じてほしいと思ったので、何度か観察したり話し合ったりした。そのことで、"青い実ができると赤くなる"という見通しをもち、大きくなることに愛情をもつことや、季節の移り変わりでトマトも変化することを確かめることができた。また新たな発見につながってよかった。 ・トマトの収穫個数を簡単な絵グラフにしていたので、だんだんとれなくなるという、季節との関係がわかってよかった。スーパーには年中あるが、育てたことで実際に学ぶことができたと思う。 ・正直、私は早く始末しなきゃみっともないかもと焦っていた。しかし、子どもたちは去年の経験を思い出し、あそびに使おうとする発想がすごいと思った。いらない物ではなくて、楽しいあそび道具になったり生活に役立つ物になったりするのだということをあらためて感じさせられた。 ・植物や生きものにふれ、ひらめく心の動きを、もっと自由に自分で試し確かめる環境づくりや、保育者のまなざしを大切にしていきたいと感じた。	

福井市公私立保育研究会「夢中になって遊び、生活するなかで育つ学びの芽」第 53 回東海北陸保育研究大会発表資料

まず、研究のテーマについて知ろうとする（追及しようとする）のはなぜか？　どのようにして知ろうとしたのか？　次に、生じた課題は何か？　このような点から研究の方向性を明確にしていきます。

2.　本論（方法、実践経過、結果と考察）

　研究をどのような方法で進め、どのような実践展開をしていったかを述べることは、研究の中心になるところです。そのためにまず、どのような対象や方法で研究をしていくか、研究計画を明らかにします。類似の先行研究を参考にすることもあります。アンケートなどによる調査で進めることもあります。さらに実践記録を基にした「事例研究」がここで意味をもってきます。その際、実践研究を進める際の対象者、研究を行った時期、期間、そこでの実践展開を述べます。過去の日誌や児童票、連絡帳などの諸記録から必要な箇所を抜粋し、分析することも可能です。

　そして、研究テーマにそった実践記録を書き、考察していきます。ここでとくに注意したいことは、ア：保育者の課題意識が伝わってくるように、ある視点にスポットを当て（思い込みで書くのでなく）、その場の状況が浮かんでくるように具体的に書く。イ：それが研究の動機とつながるよう「問いに対する考察」を入れ、ひとまとまりの記録にまとめる（そこに新たな発見があると画期的な研究になる）。ウ：一

定期間に書かれた実践記録を必要に応じて組み合わせて検討するなど、考察を深めていきます。

3.　結論

　最後に、実践研究の要諦ともいえる結論の書き方について考えてみます。

　まず何のために研究に取り組んできたのでしょうか？　その研究が自分（自分たち）のどのような課題意識から始まったのか、研究目的を再確認し、「いつ、どこで、何を、どう学んだか」といった研究の経過を通してわかってきたことを把握し、その結果明らかになってきた一連のことがらや、残された課題などを明記していきます。

　そのためには、本論で述べた実践記録（資料）を整理し、変化の過程などをふりかえりながら、取り組みの事実にそって、結論につながる思考のプロセスを組み立てていきます。そして、なぜそのような結論に至ったか、どの実践記録（資料）によって、そのような結論を導き出したのか、本論に述べてきた考察を再考（再構成）します。その際、必ずといっていいほど研究の不明確な点、不足点、論理の飛躍ではないかと思えることなどに気づかされます。

　言い換えれば、簡単には結果が出せない事態にぶつかるのです。しかし、それが最も意味のあることです。そこで安易に結論をまとめようとすると、これまで取り組み、大切にしてきた研究過程を見失う危険があります。あるいは結論を強調しようとあせるあま

り、実践の事実を加工してしまうようなことがあっては、まったく意味がありません。

結論を安易に
まとめないために

　本来、実践研究とは「省察によって見いだした課題や疑問を追及し、改善していくことであり、それによって自分（自分たち）の実践を高めていくことを目的にした研究」です。結論をまとめるに当たって生じた疑問や不明確なところをどうすればよいのでしょうか。

　そこで取り組んでほしいことは、もう一度「本論の実践経過をなぞり、実践を見つめ直すこと」です。そのとき、第三の視点、すなわち実践者としてではなく、その保育実践を見つめる第三者として客観的な視点で研究の筋を追究し直すことが大切です。

　研究に取り組んできた目的・自分（自分たち）の保育で直面してきた課題は何だったか⇨それをどのように改善してきたか⇨その結果最も明らかにしたかったことは何だったのか。さらに、記述されていることだけで論理的に了解できるかどうかなどを多角的にとらえ直し、実践記録を再検討したり、照合したりする作業が必要になります。結論を導き出す経過に関係しなかった記録や資料はないか？　などを見直してみます。そのためにはせっかく書きつづった実践記録を外すこともあります。研究テーマにそったものを

選び直すことで、結論の見通しがついてくることもよくあります。

　また、これまでに述べてきた実践研究の内容だけでなく、たとえば観察調査やアンケート調査などを実施してまとめることもあります。その際は（1）調査方法とその結果得られた資料数を明示（2）その結果から何が読み取れたかを具体的に考察（3）考察した結果を保育にどう活かしていくかを示唆、などの経過が求められます。

　そして最後に、取り組んできた研究がこれからの実践にとってどのような意義をもつか、すなわち保育の向上にフィードバックできることは何か、また残された問題や、今後継続していくべき課題は何かを明示しておきます。

引用文献、参考文献の明記

　研究論文に欠かせない作業は、他者の文献（論文、レポート、著書）に書かれていた内容を自分の研究論文に反映させたときに「引用文献リスト」をつけることです。著者名、（共著の場合は全員）、発行年、発行元、を記述します。また引用の仕方として、原典から直接引用部分を抜き出して書き写すときは、一字一句違わずに「　」に転記し、原典の題名、特定の頁（範囲）を記述しなければなりません。そして、その事実に基づいて自分の意見を述べることになります。この書き方をおざなりにすると、どこまでが引用で、どの部分が研究当事者の意見なのか区別ができず、論文として不明瞭になります。

研究における倫理

103頁でふれた全国保育士会研究紀要委員会による『保育研究の考え方、すすめ方』に、「研究における倫理」として次のような記述があります。

「利用者のプライバシーを守ることは、保育者の責務であり、このことについては児童福祉法や全国保育士会倫理綱領の規定を持ち出すまでもありません。(中略)事例による保育研究を行うにあたっては、研究の対象となる者の協力がなければ実施できません。このことを十分理解し、子どもやその家族をも含め、敬意をもって対応することが重要です。(後略)」そして、保護者との"信頼関係"なくしては研究はできないことを示しています。これからの実践研究を進めるうえで欠くことのできない指摘です。

研究の過程にこそ価値がある

本項で最も伝えたかったことは、「研究に取り組む過程にこそ価値がある」ということです。また、保育は人と人とが織りなす営みであり、その研究によってどれだけ子どもや人間を深く理解する力が養われていくでしょうか。「保育の面白さをより深くつかむ」、それこそが実践研究の真髄ではないかと考えています。このふたつの思いは、読者の皆さまには伝わったでしょうか。

第5章-2 実践記録の実際
～3歳未満児～

友だちとのかかわりが育つ道筋～0、1歳児の日誌から～

　かつて、3歳未満児保育を否定する根拠のひとつに「乳児は友だちと一緒にいても、無関心か、物の取り合いなど、非友好的関係しか起こらない」という主張がありました。しかし、実践を積み重ねてきた現場からは、乳児同士の物の取り合いやトラブルは社会性の発達にとって、けっしてマイナス要因ではなく、むしろ他者とのやりとりに関する力を発達させる基盤になる、という実践や研究が多く発表されてきました。

　それは、集団適応のよさやみんなと一緒にできるか否かといった視点だけでなく、乳児における人への感受能力や共感性の豊かさのとらえ直しにつながっています。さらに、核家族化や少子化の影響で、子どもたちの人間関係が限定されることによるマイナス要因が増幅する環境にあって、保育園の集団保育の意義が問い直されています。

　従って各保育園では、乳児から就学前までの子どもたちの「友だち関係が育つ道筋」を、実際の子どもの姿から記録したものを各クラスから出し合い、それによって、子どもたちのもっている力をみんなで共通確認しながら研修していくことが、今最も求められています。

　さらに保護者や地域の方がたにも、子ども同士の関係性（集団の中でもまれながら育っていくこと）の意味をアピールするきっかけになればと願っています。次に紹介する0歳児と1歳児クラスのエピソード1・2や、〔事例5-2-1〕、〔事例5-2-2〕の日誌から、乳児が保育者や他児との相互交渉のなかでどのような力を発達させているかを考えてみましょう。

> **エピソード1「見つめる」**
> 　いずみ（2か月半）は、ベッドの中で天井から吊るしたベッドメリーを見ていましたが、退屈して泣きだしたので、畳の上で手足をバタバタさせてあそんでいるしゅん（5か月）のそばに寝かせました。しゅんのそばでいずみは、「おやっ？」という視線でしゅんの動きを追い、注視しています。そして「しゅん君、元気だね」と呼びかける保育者の表情としゅんをじっと見つめていました。
> 　見つめるという行為によって、いずみの人への関心が芽生えていくのではないかと感じました。

エピソード2「笑い合う」

　いずみ（7か月）は、お座りをしたり、連続寝返りが盛んです。てつや（11か月）が座って玩具であそんでいました。ゴロンゴロンと転がってきたいずみは、てつやの背中のところで止まりました。てつやは「何かな?」という表情で振り向きました。いずみだとわかると、てつやはケラケラと声を立てて笑いました。するといずみもニコッと笑い返しました。いつも一緒に生活している者同士という思いがあったのでしょうか。笑って相手の存在を受け入れる姿に、保育者の私まで嬉しくなりました。笑い合うということは「人と一緒に居ることは楽しい」という自己表現だからです。

〔事例5-2-1〕他児への関心がどう育つか　0歳児クラス　＜他児とのやりとり＞

3月12日　月曜日　　天気　晴れ		園長印　　　　　主任印　　　　　担任印
名前	健康状態	子どものようす　・　保育上のかかわり　・　評価
さき子 1歳10か月	鼻水	ゆうじ（1歳11か月）が、本児が持っていた赤い車を欲しがり、だだをこねていたとき、初めは赤い車を背中に隠し、「いやだよ」といっていた。少しふたりがどうするか見ていると、泣きだしてしまったゆうじにさき子が、「ゆうちゃん、これいいの?」と、まるで保育者が子どもに話しかけるように、顔をのぞきこみ聞いていた。ゆうじが泣きながらうなずくと、少し考えているようなようすではあったが、ゆうじに、「どーぞ（どーぞ）」と、赤い車を渡していた。そして、保育者に、「さーちゃん、ゆーちゃんどーどした」と、嬉しそうに報告してくれた。

（反省・評価）
　保育者のすることをじつによく見て、それを思い浮かべながら再現しているのだろうか?　と思えるほど表情、口調がよく似ていた。子ども同士のかかわりも、やはり保育者と子どものかかわりのありようがモデルになっているのではないかと考えさせられた。

〔事例5-2-2〕1歳児クラス　＜友だち関係＞

8月18日　木曜日　　天気　晴れ		園長印　　　　　主任印　　　　　担任印
名前	健康状態	子どものようす　・　保育上のかかわり　・　評価
よしえ 2歳3か月	良	仲のよいまり子が久しぶりに登園するとよしえは、「待ってたよ」といわんばかりに近づいて「まりちゃん」と声をかけ、「はぁい」と返ってくると、とても嬉しそうにする。今度は、まり子が「よっちゃん」というと「はぁい」と嬉しそうに返事をしている。続いて8日ほど休んでいたきよ子がお盆が明けて登園するが、母親と別れられずしばらく泣き続けた。するとよしえは、きよ子の興味のある絵本や人形を持ってきて盛んに差し出している。きよ子はそれを受け取りはしなかったが、よしえのようすを見て泣きやむようになった。その後もよしえはきよ子を心配し、絵本や玩具のそばで一緒にあそんだり、移動のときは、「きよ子ちゃーん」と呼んで手をつないで誘い、きよ子もやっと嬉しそうによしえのすることを受け入れるようになった。

（反省・評価）
　登園のとき、子どもが泣いたりするとその子の好きな絵本や人形を持ってきて差し出すことは、保育者がよくやっていることだが、よしえがそれをちゃんと知っていて、同じようにふるまってくれるなど本当に驚いてしまった。泣いてる子に保育者がどうかかわるか?　など日ごろの子どもたちの「人への関心の強さ」があればこその行為なのだとしみじみ感心してしまった。1歳児クラスのこの時期にもうこのような友だち関係が成り立っている姿を見ると、幼いなりに一緒に生活している友だちを、まるできょうだいのように感じているのか、乳児の集団保育の意義をあらためて考えさせられた。

第5章　実践記録を書き、実践研究に取り組む　109

このようにやがて移動運動が活発になり、人への関心が高まっていきます。他児が持っている物を取り合ったり、表情で思いを伝え合い、人とかかわろうとする意欲が膨らんでいくのです。

集団保育の中で育ち合う子どもたち〜2歳児クラスを中心に〜

- - - - - - - - - - - - - - - - - - -

2歳児クラスの友だち関係をとらえた記録から、子ども同士のコミュニケーションがどう育っていくのかを学びながら、保育園における3歳未満児保育の意味を再確認していきましょう。

〔記録1〕2歳児

ふたりっていいな

正月休みも終わり1週間ほどたった頃、まり（2歳10か月）は登園すると必ず、「ゆみちゃんは？」と探し、ゆみに「おはよう」と声をかけてから、安心したように自分のかばんをかけにいく。ゆみが休むと、「どうしてお休みなの？」と聞きにくる。かといっていつも一緒にあそぶわけではない。ゆみの存在が気になりだしたようだ。ともふみ（3歳）と、けんや（2歳9か月）は、登園し顔を見合わせると、「ふたりともだもんね」といって、ほかの子から離れた場所（机の下など）にもぐりこんで、何やらひそひそ話で、なかなか出てこない。ふたりだけの居場所、かかわりを楽しみたい

ようだ。2歳児クラスの1月にもなると、ちょっと気にかかる子や、気の合った友だちがあそこにもここにもできてくるようだ。

（考察）

人が自分以外の他者を知り認め合う、いわゆる「相手を受け入れるという関係」は、ふたりからスタートすることが多いように思う。ふたりの関係で、とことん自己を表出し相手を知っていくのだろうか。話す―聞くということばのやりとり（会話）も、ふたりを基本に身についていく。好きな友だちとのかかわりを通して、子どもたちは相手の思いに敏感になり、相手をよく知っていくのだと考えられる。保育園ではともすると初めから「みんなと一緒」ばかり求めすぎてしまい、この時期の少人数の交わりの機会を育ててこなかったのではないかと思った。

〔記録2〕

友だちとからだを寄せ合っていたい気持ち

みんなより早くおやつを食べ終わったゆみが、大型積み木を窓の前に運んでいき、それを台にして雨降りの外を眺めていた。それを見た子どもたちは、「ごちそうさま」とあわてて立ってゆみの隣に積み木をくっつけ、嬉しそうに外を眺めだした。あとから来たひろしも、無理やり同じ窓から首を出そうとするので、隣のまさ子がき

つくなり、「やだ、やだ」と泣く。保育者が「ひろちゃん、こっちの窓もあいてるよ」と、抱いて別の窓に移そうとすると、「だめ、だめ」と窓にしがみついて離れない。「それじゃあ、窮屈でもそこにいてね」というと、「見えないよう」と、大泣きする。すると、まさ子が「ひろちゃんおいで」と呼んでくれた。

(考察)

保育者は、「外を見るのならどこでも見られるところでいいのに」と思い込んでいたが、彼は友だちと一緒の窓で、からだを寄せ合って見たいという一念だったようだ。友だちの中に自分も入っていたいという意識が芽生えてきた証だと思った。子どもは友だちとの共通項をたくさんもつようにな

ることによって、興味や関心も似たものになり、「同じところにいたい」「同じことがしたい」「同じ物を持ちたい」などの願いをもつようになっていく。やがて同じ目当てをもってあそべるようになっていくのではないだろうか。

0、1、2歳児の、他児への関心が芽生えるベースになるものは、やはり保育者と子どもの情緒的な安定(安心感)です。それが確立してこそ子どもは、他児に目を向けるようになるのだと考えられます。この安心感が確立していない子どもは、いつまでもおとなとの関係を引きずっていくのではないでしょうか。その意味で、他児への関心が芽生えてこない子どもは、保育者と子ども、保護者と子どもの関係性をあらためて見直してみることが必要に

〔記録3〕2歳児

天気　晴れ 出席数　　12名 欠席数　　　3名 1月19日木曜日	子どもの姿と保育者のかかわり　　　　＜記録者＞　●○
	まさ子がロッククライミングをしていると、それを下からずっと見ていたいくお。まさ子は登り降りはできるのだが、途中で「こわい、できない―」と、くじけてしまう。 　すると、いくおが「まさこちゃん、まさこちゃんがんばれ！　まさこちゃんならできるよ！　ちゃんと上、つかまって！」と励まし始めた。それを聞いたまさ子は何とか登ることができた。いくおは「やったね、やったね、すごいよまさこちゃん！」と、自分のことのようにジャンプして喜ぶ。いくおは「いくおもやってみる！」とやる気になり、今までは挑戦しても登れなかったのに、初めて登ることができた。本人も自信がついたようだ。
＜内容＞ 寒くても園庭に出てからだを動かしてあそぶ	＜評価＞　日ごろ、保育者が子どもたちに呼びかけることばを、すっかり自分のものにして友だちを励まし呼びかけるいくおの姿に胸が熱くなった。自分と友だちのまさ子を一体化してとらえているような……そんなかかわりが、人として最も尊いことだと思った。

なってきます。

そして、自我が芽生える1、2歳の時期は、自己主張と自己統制力がバランスよく身についていくこと、自己主張しながら自己抑制を身につけていくプロセスが最も重要なのではないでしょうか。

〔記録3・4〕も参考にしてみてください。

〔記録4〕「かるたを早く取らないで」　子どもの名前　　もも　　年齢　　　3歳10か月

ももとさりとでかるた取りを始める（保育者が札を読む）。 はじめの3枚、さりが取る。 もも　「そんなに早く取らんといてよ」とさりにいう。 保育者　読み札を読む。 さり　取る。 もも　「ね〜！　そんなに早く取らんといてよ〜」と涙声でいう。「ゆっくり取ってよ！」 　　　半泣きしながら、ちらっと保育者を見る。『先生、何かいってくれ』。 さり　困った顔でももを見る。 保育者　ももと目を合わせないようにし、次の読み札を読む（自分の力で立ち直ってほしいなー）。 もも　半分、涙目ながら取る。涙が止まる。 保育者　読む。 もも　取る。「ほら、取れた」と笑顔で保育者にいう。 保育者　目を合わせて（よかったね）という気持ちを込めてにこっと笑う。 　　　次の札はさりが取る。ももの顔が曇る。 保育者　読む。 さりの手、次にももの手、1枚の札に2人の手が重なる。ももがじわじわと札を引っ張ろうとする。さり、あきらめる。ももは保育者の視線を気にしながら、自分の手元に持っていく。『先生、何もいわないからこのままもらっていこう。だって、かるた欲しいもん』 保育者「今のさりちゃんの手のほうが速かったと思うけど」 もも　「だって、そうしたらももが少なくなるないけ〜」と涙声。 保育者「でも、かるたって早く取った人のものになるんじゃないの？」 もも　「でも、そしたら少なくなるもん」 保育者「さりちゃんの手のほうが速かったよねー？」 （さりもはっきりと意思表示してほしいなあ） さり　うなずく。 もも　「うっうっ」と涙をこらえながら、さりに札を渡す。 保育者　読む。 もも　涙ながら取る。次の札はさりが取る。 もも　「ね〜、そんなに早く取らんといてよ」と涙声でさりにいう。そして、保育者の顔を見ながら何かいってくれないかなーという表情。保育者は目を合わせずに読む。 もも　3枚続けて取ったあとに「だって〜こっち見とるときに、こっち見て取ったもん」と得意げにいう。 （さりが見ている方向と別の場所を探して取ったという） さり　取る。 もも　怒った口調で「ねー、そんなに早く取らんといてよ。こうやって、そーっと取ってよ！」と手をゆっくり札の上にのせるしぐさをして見せる。 さり　黙って聞いている。 次の札を、ももがバーンと大きな音をたてて取る。 さり　「あんただって早く取っとるないけ」とつぶやくようにいう。 もも　「取れた」と保育者に見せているので、さりの声は聞こえていない。その後も続くが、ももが優勢だったので泣くことはなかった。

（考察）

　本児はひとりっ子という環境でかるた取りを経験してきているので、友だちに取られることが悔しくて、取り合いを楽しむことができない状態である。しかし、誰かと一緒にかるたをしたいという思いもある。そのギャップで葛藤を起こしているのではないか。何とかことばで言い表そうと「早く取らんといて」と訴えるが、涙も一緒にでてしまう。気持ちを抑えようとするが、涙は止められない。目を合わせると本児の涙が止まらなくなって、かるた取りが続かなくなると思ったから、保育者はあえて目を合わせないようにした。なるべく口をはさまないようにしようと思ったが、かるた取りのルールはわかっているし、ふたりの手が重なったときも本児がさりよりも遅かったことは感じているようすだった。さりの立場になっても、納得できないことだったので、そこではじめて保育者は口を出した。本児は、何度か泣きながらそれでも最後まで続けていくことができた。以前なら泣くだけで終わっていたが、<u>気持ちを抑えてことばで訴えるようすに、葛藤を何とか乗り越えようとする姿が見られた。</u>

（全体考察）

　友だちよりも多く枚数を取りたい、しかし、友だちと一緒にかるた取りをしたい、その矛盾から葛藤が起こった。

　葛藤は涙となって表れたが、泣くだけではなく「ゆっくり取って」ということばで気持ちを伝えようとする。「ゆっくり取って」と相手に強要するのは、自己本位な行動ではあるが、相手がいなければかるた取りは面白くないことにも気づき、他者を意識しようとするようになった場面。

　泣きながらも最後まで続けられたのは、かるた取りをしたいという本児の思いが強かったこともあるが、葛藤を起こしたときにひとりではまだ乗り切ることはできなかっただろう。保育者がそばで見守っているという思いがあったから乗り切れたと思われる。ただ、かるたが終わったときに、泣きながらも最後まであそびを続けた本児や、そんな本児に付き合ってくれたさりに対して、認めることばがけがあれば、次につながったのではないか。

（コメント）

　まだまだ自己中心性の強いもも（3歳児）の姿が目に浮かび、思わず笑ってしまいます。

　この実践記録は、自己中心性が強いだけに葛藤も多く、その葛藤をおとなの援助を受けながらいかにくぐり抜けていくかということをテーマにして書かれたものです。

　従ってタイトルに「—3歳児の葛藤とあそび—」をつけると、実践記録の意味がより伝わってきます。それにしてもメモを取りながら保育をしているということで、じつにリアリティのある記録になっています。書くことによって、ありのままの子どもの育ちを理解できるようになる、その意味を伝えてくれる説得力のある実践記録だと思います。

第5章　実践記録を書き、実践研究に取り組む　113

エピソードを書き、チームワークを高める

第5章-3

エピソードを書くことで保育の質を高める

　保育者は子どもたちと一緒に暮らしながら、あるときは子どものなかに光るものを発見して心を強く揺さぶられ、あるときはすれ違うばかりで落胆するなど、日々心を動かしています。また、子どもたちの言動に疑問や課題をもって保育に当たっていると、ときに「そうだったんだ」という気づきやひらめきがあり、保育の醍醐味が味わえます。

　そうした心の動きを単なる感想にとどめず、書いて保存することで、職場の仲間や保護者と共有ができます。他者が理解してこそ実践の発展があります。また、書かれた資料は、子ども性の探求や発達の意味を再確認する意味をもちます。それが子どもを観るまなざしを豊かにし、子どもへの理解を深め、保育の質を高めることはいうまでもありません。

エピソードを客観的・主観的に記述する

　育とうとしている子どもたちにとって、今体験していることの意味は何か？　を探りながら、子どもを発見していく喜びこそ保育の面白さです。その意味でエピソード記録による子どもへの理解は、保育者の喜びを根源的に支えてくれます。次のような手順でエピソードを記述します。

(1) まずは保育で印象に残った子どもの姿や出来事、事実や場面を具体的に書きます。子どもの表情や行動、ことばやほかの人とのやりとりのようすなどを、その場にいない人にも共有できるように（見えるように）記述します。

　ここでは記述者の客観性が必須条件です。それだけではなく、次に保育者の子どもに対する観方、かかわり方も記述する必要があります。保育は「保育者と子どものやりとり」であり、保育者が子どもをどう観て、どうかかわるかによって、その後の子どもの育ちや展開は異なったものになるからです。

　また、保育者の子どもへの思いや意図なども記述することが大事です。そこには主観が入ります。事実を具体的に書く客観性と、観察者・かかわる者の主観の両方が求められるのです。

(2) そのエピソードを書くことで、伝えたい・訴えたい内容が一目でわかるようにタイトルをつけます。まず

タイトルを考えてから書きだす方法がよいと思いますが、書いているうちにタイトルにしたいことばが浮かんでくることもありますので、そこは柔軟に。いずれにしてもタイトルにそったメッセージ性のある内容に

することが求められます。
(3) 最後に記述者の考察を書きます。子どもに対して、⑦今、その子が体験していること、学んでいること、育っていることは何か？ ⑦葛藤していること、課題になっていること

エピソード記録の様式例

年度 記録者（ 　　　　　 ）

（ 　　　　 ）組 子どもの名前・年月齢（ 　　　 ）（ 　 ） 月 　 日
＜タイトル＞
＜背　景＞

＜エピソード＞ （ポイント） 　Ⓐ 具体的な子どもの姿 　Ⓑ 保育者は、そのときの子どもの心の動きを 　　 どう受けとめたか？ 保育者の気持ちなど 　　 も記述する。 ※注意点 　いいことばかりでなく、うまくいかなかった 　ことも書いてみよう。	写真、イラスト、 子どもが描いた作 品（縮小したもの や写真を撮ったも の）などをはり、 視覚的な資料とし て活かす。

＜考　察＞ 　上記の事実、場面を保育者はどう読み取り、理解したか（たとえば その子が今、体験していること、学んでいることは何か？）。 　・行動の意味、発達的な意義、その子が抱えている葛藤や課題 　・エピソードを通して学んだこと（観察者・関与者としての評価）など

＊様式は B5、A4 のいずれでもよい

エピソード記録の例 1　イメージしていることをことばにし、友だちとつながっていく 3 歳児

　園庭の築山のトンネルの前にある木に穴があるのを見つけたはやと（3 歳 9 か月）。「先生ここはリスさんの家だよ、みてみて」と保育者に知らせに来た。近くにいた友だちのたかお（3 歳 6 か月）にも「ここはリスさんの家なんだよ」といいながら穴の中をのぞき「暗い、何も見えない」という。たかおが「電気つければいいね」と話すと「リスさーん、電気つけて！」と呼びかけるようにいうはやと。「返事がないね、リスさん留守番してるのかな」とたかおがつぶやく。「リスさんあそぼう、出ておいで」と、ふたりは穴に向かって何度も叫ぶ。返事がないので「きっとお出かけだよ」（たかお）「お散歩かな」（はやと）。その後、トンネルの中に入り、ふたりで座り込んでリスの帰りを待っているようすだった。10 分ほどたって保育者が「そこで何しているの？」と問いかけると「リスさん帰ってこない」とつまらなそうに答えていた。

考察

　イメージしていることをことばにしながら友だちと会話できるようになっているふたりの育ちに驚いた。イメージしている（虚構の）世界と現実の区別がつかず混沌としているのだろうか？　それとも"うそっこ"を楽しんでいるのだろうか？　よくわからなかった。いずれにしても 3 歳になると自分の思っていること、イメージしていることをことばで表現し、友だちとその世界を共有し合いつながっていけることに、3 歳児の際立った発達の姿を感じた。留守をしていることと留守番の意味を混同しているのはいかにも 3 歳児らしい。

第 5 章　実践記録を書き、実践研究に取り組む　115

は何か？　を書きます。さらに保育者自身の見方、かかわり方の評価の記述が必要なときもあります。そして、今後の課題に対する具体的な方針を考えて記述します。

書きたいと思ったときに、すぐに使える用紙を作成しておきましょう（115頁のエピソード記録の様式例参照）。

エピソード記録の例2

今月エピソード（ひばり）組　　5月22日（木）記録者（　　　）　　　　　　　4歳児	
タイトル "かみなり 怖い!!"	晴天の中園庭であそんでいたが、途中からまっ黒い雲が出てきて、ゴロゴロと音が聞こえ始めた。 「かみなりきたー」「こわいー」と子どもたちも言い始めておへそを取られないようにおなかを押さえている子もいた。 給食を食べている頃にはピカピカ光っているのも見えて「きたらいやだなー」「かみなり落ちる？」「落ちたら停電する？」とさらに心配になってきていた。 しばらくすると明るくなって音も聞こえなくなり日が差してきたのを見て、あいとが「お日さまが勝ったんだねー」と嬉しそうにいっていた。 するとかんじが「お母さんがきっと呼びにきたんだよ」といって、安心した表情をしていた。 ようやく部屋も落ち着いてきた。 その日は子どもたちに『だるまちゃんとかみなりちゃん』の絵本を読み語った。
考察 （コメント）	かんじもあいともかみなりを擬人化していて、かみなりが勝負をしていたり、かみなりの子どもがきていたと想像したりしていた。 自然現象ではなく、かみなりを自分たちと同じようなものととらえて発想していたことを面白いなと感じたと同時に、ほほえましい気持になった。

エピソード記録の例3

今月エピソード（ひばり）組　　8月25日（月）記録者（　　　）　　　　　　　4歳児	
タイトル "しゅうくんが こげてる"	この1、2週間子どもたちも長期の休みに入っていて、休みが明けて登園してくるとほとんどの子が日に焼けていて、楽しく過ごしたことがうかがえる。 この日も1週間ぶりにしゅうが登園してきた。 （かなり日焼けをして黒くなっていて、皮もむけかかっていた） しばらくして、りなが「先生!!　たいへんだよ!!　しゅうくんが焦げてる〜」とあわててやってきた。 そのあわてぶりに本当に焦げてると思ったようだ。 りなには日焼けについて説明していると、しゅうも「おれ、脱皮しているんだよ」と日焼けの会話の中に入ってきて、まわりの子が「だっぴ？」と不思議そうにしていると、「皮がむけるってことだよ」と得意気に話をしていた。
考察 （コメント）	だんだんとむずかしいことばやいろんなことばを覚えてきているなかでの面白い会話のやりとりだった。 りなの本当にしゅうを心配しているようすがとても面白くて、子どもの物のとらえ方にはいろいろあるのだ、ということを感じることができた。

人に伝えるエピソードを
書くことを習慣化する

　日々の保育の中で、書き残しておかなければならないと思った、子どもに対する発見や疑問、感動を、フォーマットなどを活用し、文章化することを習慣にしましょう。それによって、子どもを観る目、自分の考えを伝える力が養われることはいうまでもありません。

　筆者が現場の保育者であった頃に、エピソードを記述し続けたことで、子どもの内面をとらえる大切さを学んだきっかけになった事例を次頁に紹介します。

書いたエピソードを基に
職員間で語り合う

　「書く・読む」は葉の表裏のようなものです。書いたら声を出して読むことで文章のリズムの善しあしや、回りくどい表現、足りない部分などに気づくことができます。また、自分や他人の書いたものを、エピソード検討会で読み合い、語り合うことは、そこに描かれている子どもの姿の「意味」「価値」の多様性を見いだしたり、保育の方法を多方面から探る力になります。けっして「正解」や「結論」を出すのではなく、まず、「エピソード記録を掘り下げていく方法」を共通理解しましょう。

　そのためには、以下の取り組みをおすすめします。

(1) 子どもの姿からその子の心の動き（願いや葛藤、悩みやつまづいてい

ること、興味や関心、感情の動き）などをその言動から探り、語り合う。

(2) エピソードに出てくる保育者の、子どもに対する観方、かかわり方を問題視するのではなく"もしその子の行為の意味が○○だったらどのような対応になるか？"を多方面から考え、それに関する具体的な対応を出し合う。

(3) 考察の読み取りを、それぞれの職員の考えでさらに膨らませる。

エピソード記録に園全体で
取り組む

　平成23年度の「全国保育研究大会」の第1分科会で、帯広市立日赤東保育所がエピソード記録に取り組んだ研究発表をしました。助言者として参加した私は、そのときの感動を今でも忘れられません。まず、職場の全員がエピソードを書くという作業を通して、「書くまでの苦しさと書きあげた達成感の両方があった」と感じ、そして「日誌を書くときに、視点が変わってきた（行動だけを見ずに、どうしてだろう？　と深く掘り下げるようになってきた）」と変化しています。

　また、エピソードを基に論議することで、職員集団として「それぞれの保育者の心の動きを知ることで共感したり、自分とは違う見方、感じ方にふれたりの発見があった。ひとりの子を多角的に見るようになった」と、手ごたえを感じていました。

　今後の課題としては、「おとなも子

どもも心が響き合う仲間をめざしたいという思いで始まったエピソード記録の取り組み。語り合い、保育をふりかえることで保育の質の向上につなげていきたいが、そのためには何より論議の質の向上が課題となった。論議する時間も必要である」とまとめていました。そこが最もむずかしいという指摘には、思わず頭を抱えてしまいましたが、育とうとしている子どもたちにとって、今展開されていることが本当に意味があるのかどうか？　その点検を行うことこそがエピソードを含めた記録の最も重要なところであると思います。

　職員がエピソード記録などを基に検討会を重ね、子どもを思う気持ちでつながり合い、常に前向きに温かいまなざしで子どもや保護者を見つめられるようになっていく、そうした職員のチームワークこそが、園の保育力の質を高めていくことは間違いありません。

　まずは始めてみてはいかがでしょうか。

子どもの想像の世界を知る手立てとなった、ゆうや君のひとりあそび

> 　ゆうや君（２歳４か月）が、トイレの流しに、お気に入りの犬の人形と布を持ち込み、ビショビショにぬらしていた。私があわてて、「ゆうや君それはぬらさないで」と取り上げ、人形にしみ込んだ水をギュウとしぼり出しながら、「こんなことしたら、だめになってしまうでしょ」と注意をした。持っていた人形を突然取り上げられたゆうやくんは、「ちゃうの、ちゃうの」と怒って私を叩き、人形を陽の当たるテラスに干し終わったあとも、泣いて私のあとを追い続けた。
> 　そんなふたりのようすを見ていたもうひとりの担任が、「そういえばさっきゆうや君、人形を抱っこしながら"うんち"といって廊下に出ていったような気がする」と話してくれた。
> 　彼はいつも室内のカーテンに隠れ、立ったままパンツにうんちをしてしまい、そのたびに保育者に抱かれてトイレに連れて行ってもらい、お湯の出る流しでお尻を洗ってもらっていた。自分を人形に置き換え、彼はお尻を洗ってあげる保育者になったつもりで、犬の人形のお尻をぬらしていたようであった。
> 　「そうか、ゆうや君は、お人形のお尻を洗ってあげていたの？」と確かめると、ゆうや君は初めて泣きやんで、こくんとそれは嬉しそうにうなずくのだった。
>
> 考察
> 　このことを通して私は、子どもの行為やつぶやきが、どんなにその子の想像の世界を理解する尊いものであるかを学び直した。ゆうや君のつぶやきがなかったら、またそれを聞きとめるおとながいなかったら、私は、ゆうや君のあそびを単なる困った行為として処理してしまうところだった。
> 　「そうか、ゆうや君は……」という一言が、どれほど彼を喜ばせたか、そのときの嬉しそうな表情を私は忘れられない。
> 　子どもが、自分の想像の世界を大切にするものだということも、彼の喜びの表情から読み取ることができた。自分なりの表し方で活動している子どもの心の動きをわかってあげることで、そこに双方の信頼関係が成立し、子どもは、自分が内的な求めを実現できる力をもっているのだと自信を得て、それが次の活動力のバネになっていく。子どもたちの個々の小さな行為の喜びこそ、未来に向かう生きる力なのだ。
> 　日常の何気ない行為に見る子どもの心の動きを読み取り、環境構成に活かしていくことが保育者の役割になると再確認した。

第5章-4 自分の保育課題を追究する

自己主張とわがまま

2歳児クラスの担任になるといつも「ぼくはもうお兄ちゃんだからね。先生のいうとおりにはしたくない」「私のやりたいようにやらせて」と自分の主張にこだわり自分の"つもり"を押し通そうとする頑固な姿にぶつかり、振り回されたり、つい怒って子どもたちの感情にふたをしてしまい、あとで悔やむ自分がいました。果たして「自己主張なのか？ わがままなのか？」「保育者としてどう対応したらよかったのか……」と悩むばかりでした。そこであらためて2歳児クラスを受け持つことになり、「今年度はこのテーマで実践記録を書きながら、自分なりに追究してみよう」と決意し、迷ったことを記録に書き、さらにクラスの話題にするとか、乳児会議に提起し、職員間の共通テーマとして話し合ってきました。

子どもの自発性や主体性を尊重しようと、まずは自己主張させることをモットーにやってきましたが、「おかたづけやだ、もっとあそぶの！」「もうたべない、ごちそうさまする！」など「わがままにふるまいたい」という主張がじつに強く、複数担任の中には「このまま自己主張を受け入れてしまうと、この先どんなわがままな子になってしまうことやら……」「社会性を身につけさせるにはやはり我慢させなければならないこともある……」などという意見もあり、悩むばかりでした。フリーの保育者に入ってもらうと「わがままばかりいってはいけません」と厳しくしかる場面も見られます。

わがままを辞書で引くと「他人の迷惑などを考えず自分の思うようにふるまうこと」と書かれています。自分の思い通りにふるまえれば、自発性は育まれます。しかしその主張を通せば、ほかの人の迷惑になることもあります。2歳児にとっては「自分の主張がほかの人の迷惑になるかどうか」などの見通しや価値判断はまだ育まれていないのではないか、だから何でもかんでも自己主張することになる。それをおとなの一方的な物差しで「いうことを聞けない子」「わがままな子」と、決めつけてしまってはいけないのではないか……。子どもがわがままにふるまおうとすることを「わがまま」と決めつけず、子どもとのやりとりをていねいにしながら「自分以外の他者の存在や立場」を気づかせていくことが、我々の役目なのかもしれないと、考え合うようになりました。

このテーマについて皆さんはどう思いますか？ 話し合ってみてください。

〔事例5-4-1〕りょう君（2歳10か月）の事例より

「もうお食事にするから片づけましょう」と保育者が声をかけると「だめ、まだあそぶの」とりょうちゃん。私は「そう、ブロックまだやりたかったのね、じゃありょうちゃん、あとどれだけやったら食事にするつもり？」と彼の主張を受けとめ、聞いてみた。すると「う〜んと、これだけやったらごはん食べる」という返事。そこで「じゃあ、先に食べてるからそれだけやったら来てね」といい、私は食事についた子どもたちの介助をしていた。6〜7分するとりょうちゃんは「もうおしまいにしたの。りょうちゃん、たいちゃんのおとなりで食べる」といいながらやってきた。いつも大好きなたいちゃんの隣に座ることが多かった。しかしたいちゃんの隣には、すでにまあちゃんが座っていた。りょうちゃんは、まあちゃんが座っているいすをガタガタ揺らしながら「ここで食べる、ここで食べる」といいはった。まあちゃんは「だめだめ」と拒む。そこで私は、「りょうちゃんはあとから来たんだから、おやつのとき、たいちゃんの隣に座ろうね。今はこっちで食べて」といすを別のテーブルのところに置くと、彼は床に寝転がって亀のように手足をバタバタさせて「せんせいきらい、もう食べない……」といいながら泣き続けた。私は「りょうちゃんは今、一生懸命自分と闘っているのね。泣きたいときはうんと泣いていいのよ。そしてきっと自身で立ち直ってくれると思う……」というメッセージを、りょうちゃんやみんなに伝えておいた。

それからどれくらい泣き続けたか？　彼は、泣いて気持ちがすっきりしたのか、おなかがすいてたまらなくなったのか、いくら泣いてもきょうはたいちゃんの隣では食べさせてもらえないということがわかったのか……起き上がって別のテーブルにつき、食事を始めた。

評価

自分の要求とおとなの要求が食い違うと、子どもはとっさにおとなの要求通りに自分を変えなくてはいけないのかといった葛藤に陥る。長泣きや怒りの感情を吐露する行為である。それをわがままとみてしまっていいのか？　私は、けっしてそうではないと思う。「困った！」「どうすればいいのか？」といった心の混乱ぶりを外に表出している姿なのだと観る。だからこそ「困っているのね、どうしていいかわからなくなっちゃったね」とおとなに支えてもらうと、子どもの気持ちが少しずつ収まり、自身で気持ちの切り替えができるようになる。

わがままへの対応で大切なことは、子どもの要求を押さえつけることではなく、主張を受けとめながら要求をより社会的な方向へ導くことではないか。まずはその子の自己主張を否定せず理解しようという姿勢、そのうえで、主張が通るものなのか否かを吟味し、気づかせていくことではないか。他人が困る、迷惑するというような結果を招くことがらに対しては、おとなが「その主張は通すわけにはいかないよ」と、一貫性をもって理由を伝えること、それで、要求が通らないことを会得するようになる。どういう主張が通り、どういう主張が拒まれるかを子ども自身がかぎ分けていく力をつけていくことこそ重要ではないか。

要するにまず、子どもの自己主張をおとなが理解し、それが通るものか？　通らないものなのか？　を共に考えていくこと。おとなの一貫性のない態度が子どもをわがままにしてしまうということも考えられる。「人はどうなってもいい。自分さえよければ……」という主張を通してしまうと、彼らはわがままになっていくのではないか。子どもは自分で納得できると我慢する。それを信じて説き伏せるのではなく、自身で我慢しようという気持ちを養うことこそ、最も重要な指導ではないか。

甘えさせと甘やかし①

今、保育現場では「格別な配慮が必要な子」「自律の育ちが弱くすぐに荒れたり、キレたりする子」「自己主張できないおりこうさん」など、自分づくりに困難をかかえた子どもたちが大勢います。そのことが思春期の「自己肯定感の低さ」「他者とコミュニケーションができない危うさ」につながっていると考えられます。それらの根本的な要因のひとつとして「乳幼児期における親子のアタッチメント形成がうまくいっていないこと」があげられています。

人は誰かと心を通わせないでは生きていけません。幼いとき、おとなに十分甘えさせてもらってこなかったこ

と、乳幼児期、泣いたり怒ったりさまざまな葛藤を経験するなど、ネガティブな感情を受けとめてもらえず、自分の本当の感情にふたをされてしまうことが多かった子どもたち。また、家族が互いの気持ちを伝え合い、癒し癒されるという交わり（対話）がもてず、家庭が子どもたちにとって必ずしも安心できる心のよりどころになっていなかったことなど、親や保育者に安心して甘えさせてもらえないことが一因と考えられています。

保育に困難をかかえるその子どもたちの対応に悩みながら、保育者だった私は、よく職員間で「甘やかしと甘えさせは違うと思うけれど、抱っこばかりを執拗に求めてくる子に、どこまでこたえていいのか……？」という問い

〔事例5-4-2〕とも子ちゃん（2歳7か月）の事例より

> とも子は最近パジャマのボタンはめができるようになったことが嬉しくて、ひとりで一生懸命やっている。あまりにも時間がかかっているので保育者が「ともちゃん、先生、一番上のボタンだけお手伝いしようか」といおうものなら、「だめ！ ともちゃんが」と怒りだす。「それじゃあひとりでやるのね」と離れると、5～6分がんばって「できた！」と見せにくる。ところが次の日は「できない、やって」と甘えてくる。「あれっ、昨日は全部できたのに、今日は先生にやってもらいたいの？」と聞くと、「ともちゃんできないの」と保育者によりかかり甘えている。「そうか、今日は先生にやってもらいたいんだね」というと嬉しそうにうなずく。どうしたものかと迷ったが、保育者が快くやってあげると爽やかな笑顔でふとんに走っていった。

> 評価 「昨日はひとりでできたんだから、今日もひとりでやってごらん」と突き放そうものなら泣きわめく本児。保育者がやってあげることは、一見、甘やかす行為にとれるかもしれないが、『自分の思いをかなえてもらってよかった』と甘えたい気持ちが充足することこそが、安心して先に進むきっかけになるのではないかと思った。これは甘やかしではなく甘えさせではないかと思う。

> （注）甘やかしは、過保護、子どもに任せられないでおとなが必要以上に手を出し世話を焼きすぎる子育て。また親が自分の不安を投影し、あれをしたらダメ、これは危ないと子どもを囲い込む。さらに、日ごろ忙しくて子どもの面倒を見てやれないために、「かわいそうだから」「イライラするから」などとお金や物で代償しようとすること。
> 〔参考文献〕高垣忠一郎著『揺れつ戻りつ思春期の峠』新日本新書、1991年

かけに、先輩の保育者からは「子どもたちの求めを何でも受容してしまうのは甘やかしじゃないの？」などといわれることもあり、「甘えさせと甘やかしの境界線はどこにあるの？」など、いつも心に引っかかっていました。また保護者からも連絡帳などでそれに関する相談をされることが多く、自分なりに追究せざるを得なくなり、悩んだり迷ったりした事例を書きとめ、考えてみることにしました。

甘えさせと甘やかし②

子どもたちの「自立」は「安心」という土台のうえに育まれます。2、3歳

児の連絡帳には「この頃ひとりで寝ることを拒み、親がついていないと寝なくなり、前より甘ったれになってきました」といった記述が多く見られます。子どもにとって親の姿が見えない暗い部屋でひとりで寝るのはとても不安が大きいと思います。親が子どもの要求に心から応じてくれるということは『お父さん、お母さんは僕が眠りにつくまで見守ってくれる』という安心感や信頼を築いていきます。とくに子守歌は「命の愛おしさを伝える歌」です。安心して深い眠りに送り届けてあげるのが親の役目ではないでしょうか。

十分に甘えさせてもらうこと、すなわち『いつも自分は守られている、

〔事例5-4-3〕りょう君（1歳10か月）の連絡帳より

（家庭から）家に帰ってくると、とにかく執拗にまとわりついてきます。ちょっとかまってあげると少し満足するのですが、またすぐ「おんぶ」「抱っこ」をせがむので、夕食の支度が進まず、私もイライラしてしまいます。いけないとは思いつつもテレビをつけてそちらに気を向けさせている毎日です。

（園から）おとなが一番忙しそうにしているときに限って子どもは甘えてきますね。毎日のことでお母さんもたいへんですね。ついテレビに子守をさせてしまうとおっしゃられるお母さんの悩み、本音を書いてくださり嬉しく思います。「親には親の仕事があるんだからそんなときは子どもに我慢させなくては……我慢できない子になってしまうわよ」といった意見もないわけではありませんが、私は、りょうちゃんが抱っこを求めてきたら「はいはい、家に帰ってきたんだから、まずはお母さんに甘えたいんだよね」と、ぎゅうっとりょうちゃんの気持ちを受けとめてあげてほしいと思います。「ちょっとかまってあげる」と書いてありましたが『お母さん忙しいんだからちょっとだけだよ』という条件つきの抱っこだったのではないでしょうか。そして、それでは満足できないりょうちゃんをつい、テレビに気を向けさせてしまうこと、これは「甘やかし」ではないでしょうか。「甘やかし」は、「忙しいんだから」とおとなの側の感情や都合でしてしまうことです。「子どもが不安を感じたり、寂しがったり、困ったときなど大好きなお母さんに抱きしめてもらったり、スキンシップをしてもらうことで安心し、また親から離れてあそびだす」、そういう安心感を充電するはたらきが「甘えさせ」だといわれています。りょうちゃんの甘えたい気持ちをしっかり受けとめてあげると案外早く離れるかもしれません。「もっともっと」のときはおんぶもいいかもしれませんね。3歳近くになれば「あとでね」ということが理解でき、『今はだめでもあとで抱っこしてもらえる』という信頼感が生まれてきて、待つことができるようになります（もちろん待たせたあとの約束を必ず実行してもらえればですが……）。
「甘やかしと甘えさせ」について、また次の懇談会の折にでも話し合いましょう。とてもいいテーマを提供してくださりありがとうございました。

〔事例5-4-4〕さくやの甘えについて（2歳8か月）10月19日
（2歳児クラス　12名　保育者2名　欠席児1名）

　　園から20分ほど歩くと汽車ポッポ公園がある。行きは、公園でどんなことをしてあそぼうか？　期待があるせいか、子どもたちは急ぎ足で歩き、予定より5〜6分早く到着（9時45分）。
　　さっそく汽車の遊具に走って行って「ガッタンゴットン、ガッタンゴットン」と汽車ごっこ、そのあとは、徐々にどんぐりや木の枝、葉っぱを拾い集め、それぞれにあそびを楽しんだ。秋とはいえ昼間は暑いので水分補給のためベンチに集まる。その後、ひとりの保育者が用意していたおおかみの被り物をつけて「まてまて、子豚たちを食べちゃうぞ〜」の追いかけっこを始めると、「きゃー」「おおかみなんかこわくない」などといいながら逃げ回る。じつは公園のベンチをおおかみの家に見立て、全員を捕まえたところで帰ることにしようと決めていたが、子どもたちはなかなか捕まらない。さくやもこのあそびが大好きで、捕まってもベンチからすぐ逃げ出してしまい「こっちだよ」と嬉々として逃げ回る。ほかの子どもたちもまねして捕まってもすぐベンチから飛び出していく。おおかみ役がひとりでは到底みんな捕まらないため、もうひとりの保育者がベンチで見張り役になる。が、「おしっこ」などの世話があり張りついてもいられない。ちょっと離れるとまた逃げ出す。「子豚たちがあんまり元気がいいのできょうは、おおかみさん参った参った」と被り物をはずし「さあ帰ろう」と呼びかける（10時50分）。
　　よく動き回って十分あそんだためか、いつになく子どもたちも帰る気になって歩き出した……そこまではよかったのだ。が、さくやが突然しゃがみこんで「おんぶ！」。「さくや君、いっぱいあそんだから疲れちゃったね。保育園に帰るとおいしい給食、今日は何かしらね……」などと保育者が話しても「おんぶして！」（『この場でさくやをおんぶすると、きっとほかの子もおんぶを求めるに違いない。今は何とかさくやには歩いて帰ってもらいたい』そう思って）。「園に帰ったらおおかみさんの本読もうか」などと期待をもたせるのだが、まったく動かないさくやである。そこで「ほかのお友だちも疲れてるからさくや君だけおんぶできないね、我慢して」と話すと、「いやだー」と手足をばたばたさせ激しく泣きだす。ほかの子どもたちはと見ると『早く帰ろうよ』という訴えの顔。今、おんぶを主張したのはさくやだけである。今はさくやだけと向き合い思い切ってさくやと折り合いをつけることにしよう。そう思って「さくや君が疲れておんぶしたい気持ちはわかった。だけど私もいっぱいあそんで疲れちゃったから、あそこのポストまでだったらおんぶしてあげるけどそれでいい？」。まずは疲れきってしまったさくやの思いを受けとめ、7〜8メートル先のポストまでおんぶすることを伝えると、泣きながらもうなずきおんぶをする。ほかの子どもたちは黙々と歩いてくれている。『さてポストのところでさくやはどうするだろうか？』。ドキドキしながら「さくや君、ポストだよ。もうひとりで歩く約束だよ」と伝えると、背中から降りて歩き出した。

評価

　　9月頃から散歩に行って疲れると「抱っこやおんぶ」を求めるようになったさくやである。何とか歩いてもらいたいと願って話しても激しく感情を表出し、まったく聞き入れようとしなかった。そこでまずは、抱っこをし、気持ちを落ち着かせてからこちら側の考えを伝えてきた。そういう意味で抱っこは、興奮を抑え自身で気持ちをコントロールするための（甘えさせ）だったと思う。今回は、ついほかの友だちのことを考え『さくやだけおんぶはできない』といってしまったが、要求を出したのはさくやだけだったと気づき、しっかり彼と向き合い、彼の甘えを受けとめることにした。自分の本当の願いを理解してもらえれば、相手の気持ち（保育者も疲れているということ）もわかろうとするようになることを、さくやを通して学ぶことができた。ほかの子どもたちもきっと『さくや君、おんぶしてもらってよかったな。きっと先生は、私が疲れちゃったと求めたときは同じようにおんぶしてくれる……』と、自分をさくやに投影しながら見てくれていたのではないかと感じた。

困ったときも支えてくれる人がいるという安心感』が子どもの自信を膨らませ、自己肯定感を育んでいくことはいうまでもありません。

親が忙しく子どものそばに寄り添ってあげられないからと「ひとりで寝られるようになったら○○ちゃんの欲しがっている物をご褒美に買ってあげるからね」などと、物で代償しようとするのは甘やかしです。甘やかされてばかりいた子は、「自分の真実の求めを親はわかってくれない。真実に欲しい物の代わりに、いつもその場しのぎの物があてがわれてしまう。どうせ私なんかどうでもいいんだ……」。そんな無力感や自己否定感をもたせてしまいます。二度と戻らない子ども時代です。子どもの甘えさせてもらいたい要求に心から応じ、愛されているという安心感で自立させてあげたいものですね。

「幼児期の問い（質問）は思考と探求の出発点」①

保育者になって私が書くことの面白さにとりつかれた最初のきっかけは、子どもたちのことばでした。長年子どものことばを記録してきたら、子どもたちが同じような年代に同じような質問をよくすることに興味をもちました。

周囲の物に名前があることがわかってくる1歳後半〜2歳頃は、盛んに「これ何？　これ何？」と質問します。『わかっていても質問するのはなぜなの？』という疑問が生じてきたこともありました。

そして3歳頃になると「何で雨ふってくるの？」「みっちゃん、何で泣いてるの？」など、おとなから見ると当たり前のことでも「何で？」と、今起きている状況（結果）を見て、その原因や理由を問うようになります。ことばを手だてとして外界の意味や因果関係を考えるほどに、子どもは発達してきたようです。

さらに4歳後半から5歳にかけては、次つぎに、飽きることなく、おとなが"ハッ"としたり、困り果てるような質問を繰り返すようになります。「それはどういう意味？」「どうやって作ったの？」「赤ちゃんはどうやって生まれるの？」「神様ってほんとうにいるの？」

疑問をもつことは問題を発見する力だといわれていますが、この時期の問いは「好奇心、探求心に源をもつ科学的真理探究への道、思考の冒険ではないだろうか」と考え、子どもたちの多くの質問を保育の場面や連絡帳などから書き続け、分類してみました。

〔事例5-4-5〕物事の動機を問う

ゆき（4歳）が運んでいたバケツの水がとも子（4歳）にかかってしまった。とも子が「わざとしたの？」と聞くとゆきは、手がすべってしまったことを「わざとじゃない。なっちゃったんだよ」と伝える。とも子は納得してあそび続けた。

あき子（5歳）が友だちとトランプをやっていたらみずき（5歳）があき子のそばに来て、彼女の腕を叩いた。するとあき子が「何にもしていないのに何でぶつの？」と聞く。みずきは「ぶったんじゃないよ、あき子ちゃんが何やってるかちょっと聞いたんだよ」という。

考察　とも子ちゃんもあき子ちゃんも水をかけられたことや叩かれたことをすぐ怒るのでなく、相手の行為の意味・動機について理解しようと問いかけています。「なぜやったのか？」と問う心は、相手の立場になって考えようとするはたらきであり、相手にも何か考えがあることを察しているからこそ発せられたことばです。4～5歳になると相手の考えや心を意識できるようになり、その心を気づかうようになることを学ぶことができたようです。

〔事例5-4-6〕目に見えない物への関心、物事の起源、命、死などに関すること

そう（4歳）	「お母さん、しろ（犬の名前）死ぬ？」
母	「死ぬよ」
そう	「じゃあ、パジャマやこたつは？」
母	「……」
そう	「はじめっから死んでいたんだよね」

ようすけ（4歳）「いちばん早く天国に行った人が神様になるの？」

ゆみこ（4歳）	（祖父が死んでお葬式を済ませたとき……）「おじいちゃん、お墓に入るの？」
母	「そうよ、おばあちゃんと一緒になれてよかったね」
ゆみこ	「じゃあ、お墓に入って結婚するんだあ」

まどか（5歳）（お母さんが赤ちゃんにおっぱいを飲ませている絵本のページをじいっと見つめ……そばにいた保育者に聞く）「この世でいっとう最初に生まれた人は誰からおっぱい飲ませてもらったの？」

ひびき（5歳）（保育園でみずぼうそうがはやっていて、自分は友だちの誰からうつされたのかという話をしていたとき……）「世界中で、みずぼうそうって誰が最初になったわけ？　そのひと誰にうつされたわけ？　何かへんじゃん」

まさたか（5歳）「人間って、何のために生きてんのかなあ。誰もいなくなると地球がボロボロ泣いちゃうからかな？」

考察　子どもの心の奥底にある不可解な声や問いかけに強い衝撃を与えられることがあります。4歳頃になるとそう君のように「生きているものとそうでないもの」があることをおぼろげに感じ取るようになります。そしてようすけ君やまどかちゃん、ひびき君のように、物事の起源について関心を示し、質問することが多くなります。「神様って本当にいるの？」というような質問に対してはおとながそう信じている場合はともかく、安易に答えを出さないほうがよいのではないかと思っています。人が簡単に答えられるようなことではないと思うからです。このような質問は、これから先も子どもが自分で探究し続けることが大切なのだと思います。「いい質問ね、じつは先生もまだよくわからないの。これから学校に行っていろいろ学んでいくうちに、わかっていくかもしれないわね」と、疑問をもつこと、今後もずっと問い続けることを励ますことも大切かもしれません。

第5章　実践記録を書き、実践研究に取り組む　125

〔事例5-4-7〕ことばの意味や概念を問う

> せつこ（4歳）「せんせい、祖先って何のこと？」
> 保育者　　　「さあ、何のことでしょうね」
> せつこ　　　「むかーしむかーしの人のこと？」
>
> 「電車が通過します」とホームでアナウンスがあった。子どもたち（5歳）は、駅のホームにいた。
> ともひろ　　「"つうか"って何かな？」
> みずき　　　「つっこんでくるんじゃないの」（電車が子どもたちの前を通過する）
> ともひろ　　「いっちゃった、いっちゃったってことなんだ」
> （ともひろは目の前を走り過ぎていく電車を見て、通過ということばの意味を実感し、自分のことば
> で表した。その後、各駅停車に乗り……）
> ともひろ　　「早く着いてほしいよ。そんなに止まんなくていいよ、"つうか"すればいい」
> みずき　　　「そうだよ、"つうか"すればいい」（村田道子採集）

> 考察 　子どもたちは、未知のことばに引っかかり盛んにことばの意味を聞くようになります。そん
> なとき子どもに「どういう意味かしらね」と問いかけてみると、子どもは案外自分の思って
> いること考えていることを表現してくれます。そのときこそ、その子なりの考え、思いにふ
> れることができるのです。通過という意味がわからなかった子どもたちは、実際の体験を通
> してことばの意味を獲得していきました。自分でその意味を理解できるようになること、わ
> からないことがわかる喜びはいかばかりでしょう。豊かなことば＝体験を通して具体的な
> イメージをつかむことであるということを確認できたようです。

「幼児期の問い（質問）は思考と探求の出発点」②

　現代っ子は、とかく暗記力や知識の量はあっても「考える力」が弱いと問題視されてきました。体験不足による言語能力の弱さ、テレビ、ビデオなど映像メディアの影響が大きすぎて、話を聴いたり、本を読んでそれを自分の心のスクリーンに映し出す、想像力のはたらきが欠如しているのでしょうか。

　「思考力とは、自分自身が直面している課題があるとき、それを解く行動や判断の仕方を導くこと」です。日ごろの体験がことばに置き換えられていく、言い換えれば体験をくぐり抜けてことばが生まれる過程が、乳幼児期には最も大切なのですが、それが弱体化し、子どもたちが「知ってるよ」の頭でっかちになってしまいつつあることが、今日の大きな課題なのではないで

しょうか。

　私はよくエジソンの話を子どもたちに聞いてもらいます。彼はひどい熱病にかかってしまい、小学校の入学が遅れました。彼は8歳半で小学校に入学しました。エジソンは、教科書に書いてあることを読んだり、覚えこんだりするだけの勉強を楽しいとは思えませんでした。彼は自分の目で観察し、自分で試してみること、自分で物を作ることを求めていました。だから授業中はいつも「なぜなぜ攻撃」ぶりを発揮していました。「1たす1はどうして2なの？　1杯の水と1杯の水を合わせるとやっぱり1杯の水になるのに……。ひとつの粘土とひとつの粘土を合わせるとやっぱりひとつの粘土になるのに……」とこんな具合です。

　授業内容とは関係ない質問もしました。アルファベットの勉強をしているのに、「先生、風はなぜ吹くのです

か？」「虹の中はどうなっているのですか？」。彼は、先生を困らせようとか、授業の邪魔をしようと思っているわけではなく、不思議で、知りたくてたまらなかったようです。

先生に怒鳴られ、ムチで打たれても耐えていましたが「頭が腐っている」といわれ、すっかり学校に嫌気がさしてしまい、入学して3か月でやめてしまいました。母親だけが「この子は素晴らしい力をもっていると信じ、以後、彼の「なぜなぜ攻撃」を喜んで受けとめ、体験して考えること、百科事典で調べることを教えてきました。

子どもたちの「なぜ？」をどう受けとめ、探求し、思考する喜びにつなげていくかが、今、最も求められているように思います。

〔事例5-4-8〕子どもが疑問を発したとき、自分なりの答えがあり、それを知ってもらおうと質問することが多い。

子どもたちの日常は、疑問でいっぱい！ 毎月行っている身体測定のとき、友だちのおへそと自分のを見比べながら……	
ひびき（5歳）	「先生、ぼく、でべそなんだよね。何ででべそなんだろう？」
保育者	「う〜ん、何でかしらね」といいつつなんて答えようかと考えていたら……
せつこ	「でもさ、でべそでよかったよ。だってお母さんとつながっていた証拠だもん」と自答する。
たかお（5歳）	「お月さんに足あるか？」
母	「ないよ」
たかお	「えっ、ぜったい足あるよ。見てないとき足だして歩くんだよ。だっておれについてくるもん」
ひろふみ（6歳）	「ねえ先生、何でおかあ、さんっていうかしってるか？」
保育者	「さあ、何でかしら……」
ひろふみ	「あのね、"かっ、か、かっ、か" おこってばっかりいるからかあさんなの！」

考察　自分なりに考えたこと（自分なりの論理）を知ってもらいたいという求めから疑問を発し、多くは自答します。4〜5歳になると身近に生起するさまざまな現象、その訳を何とか見つけだしたい、わからないなりにも自分なりに答えを見いだしたい、そう思って自分なりの答えをつくりだします。わからないことに対して、考えること自体が楽しいという思いを表しているのだと思います。そこに子どもなりの、その子ならではの思考の特徴が見られ、子ども独自の世界を知っていくいい機会になります。従ってこの時期の子どもの質問にどう答えるか？　おとながわからないことを教えてやる、正解を与えるよりも、まずはその子の考えていることを引き出し、表現させていくことが重要だと、記録を整理しながら気づきました。子どもが本当に"わかった"と感じ取るときは、答えを教えられたときではなく、自分でその答えを見いだしたとき、"発見や納得できる喜び"その感動を伴えばこそ、探究の喜びが増幅します。だから子どもに質問されたときはまず「いい質問だね」「何でだと思う？」と聞き返します。それで自答することがなかったら、答えを見いだせるような手がかりになるヒントを出してみるようになりました。共にわかろうとする気持ち、保育者も人間として探究する楽しみを求めていることを、子どもたちに伝えられればと思います。

〔事例5-4-9〕子どもの発見・おとなとは異なるその子らしい思考の世界が伝わってくる疑問

　　林のある公園にあそびに行ったとき、よしお（4歳）は枝と枝の間でくもが巣を作っているところをじいっとじいっと見続けていました。保育者だった筆者がそばに寄ってしばらく同じ物を黙って見つめていたら、彼がふっとつぶやきました。

よしお（4歳）「くもって、なっとう食べてるんだろうか？」
　　彼は、くもがどのように巣を作るかを熱心に探っているのかと見ていたのですが、じつは、なぜくものおしりから糸が出てくるのかを考えていたようでした。

たくや（5歳）「お母さんが小さかった頃、僕どこにいたと思う？」
母　　　　　　「……？」
たくや　　　　「お母さんのおなかの、すみのほうで、ずうーとまってたんだ。お母さんがおとなになってぼくが生まれてくる日をまってたんだよ」

　　初めて歯医者に行き、よそのおじいさんが入れ歯を外すのをじいっと見ていたかなこ（5歳）は、びっくりしたように指さして、母親に聞きました。
かなこ（5歳）　　「お母さん、あれ何？」
母　　　　　　　　「……」（人に指をさしてはいけないといわんばかりに首を横に振ると……）
かなこ　　　　　　「あれ、歯のかつらなの？」

　　かぶと虫の雄（オス）が死んでしまい、雌（メス）が1匹だけになってしまったとき、
つばさ（5歳）「1匹だけどたまごうむよね」と母親に聞きました。
母　　　　　　「雌だけじゃあだめだよ。雄と雌が協力しないと卵は産めないんだよ」
つばさ　　　　「何で？　……ふ〜ん、じゃあお父さんとお母さんが協力したから、ぼくたち生まれたんだ！」

考察	幼児期のことばの領域で最も大切にしたいこと、それは「自分の思っていること、考えていることをことばで表現できるようになる力を育む」ことです。そのためにも幼児が質問してきたら、おとなが答えてしまうのでなく、子どものなかにある答え、考えていることをまずは聞きだすことが、おとなの役割なのだと思います。

　　記録しながら、子どもはその幼い時期に最も大切な生命、自然、人生などについて鋭く直感し、飽くことのない問いを抱き続けるものだと思いました。周囲の混沌とした世界から、真実を自分の手でつかみ取ろうと追究する子どもたちの旺盛な探究心を、伸ばしていくことに保育者の役割が求められます。そのためにも子どものことばを記録し、そのことばの背後にある子どもの思考の世界を理解していくことが意味をもちます。

第5章-5

「子ども性とは何か？」を追究し、記述する

保育の中でぜひ追究していきたい「子ども性とは何か？」

日本は今、少子化に歯止めがかからず、総人口に占める子どもの割合は世界各国でも最低水準といわれています。少子化社会になることで一番憂えることは何でしょうか？

本田和子氏（児童学者・元お茶の水女子大学学長）は、「子どもを知らないおとなたち、子どもと生活を共にすることがないおとなたちが増えていくことであり、それによって子どもというものの存在の意味や価値を考えようとしなくなること……それどころか、子どもを煩わしいと感じ、疎んじるようになっていくことではないか」と述べていました。そんな事態になっていったらたいへんです。

子どもを育てるということは、「子どものなかに生きる喜びと希望を育むこと」であり、保育とは「子どもと共に育ち合うこと」ではないでしょうか。子どもと共に生活している我われ保育者であればこそ、「子ども性とは何か？」を追究し、保護者と一緒にそれを社会に訴えていくことができるはずです。

そこで本書のまとめにあたり、「子ども性とは何か？」を追究していると考えられる記録を紹介し、子どもと共に生活することの意味を再確認していきたいと思います。

1. アニミズム的思考によって相手に一体化する

2～3歳頃になると子どもは、飛行機雲を見つけて「あっ、ひこーきがおそらにらくがきしてる」、散歩しながらアリの行列を見つけると「アリさんも、いっしょにおさんぽか」といったり、だんご虫を探していて、石の下にいっぱい固まっているのを見つけたりすると「あっ、ここはだんごむしのほいくえんだ！」などと歓声をあげます。

この時期の子どもは、自分のからだ（感覚）や体験を基準にして、相手（対象）を自分に置き換えてとらえようとしています。そしてまわりの物は「みんな自分と同じように喜びや悲しみなどの感情があり、生きている」と思い込んでいるようです。これをアニミズム的思考といいます。

だからこそ、子どもは相手にすぐ感情移入してしまいます。そして、関心をもった対象、身近な動物や人、好きな乗り物などに自分のからだや感情を投影しながら、同化して能動的に相手を取り込んでいくという力を身につけ

第5章　実践記録を書き、実践研究に取り組む

ています。これこそが、本当に相手の身になる（認知する）という体験につながります。

　頭だけでわかるのでなく、感動や感情を伴って自己投影し、対象を知っていく、だからこそ心が豊かになってい

くのだと思います。

　〔事例5-5-1〕にあるように風さんと一緒に絵本を見て歓声をあげる子どもたち、そんな子どもたちにおとなまで心が和らぎ、やさしい気持ちになってくるから不思議です。

〔事例5-5-1〕2歳児クラスの日誌より～風さんも絵本を読みに来たよ～

> 　保育者が大型絵本を読んだ後のこと、ひとりの子どもをトイレに連れて行き、戻ってくると、「何しているの～」「こら～」という子どもの声と共に笑い声も聞こえてきた。見ると棚の上に立ててあった大型絵本がゆっくりと1ページずつめくられ、それがめくられるたびに子どもたちの歓声があがる。
> 　さとしくんが保育者のもとへやって来て「せんせい、すごいねえ」と興奮気味に話す。
> 　保育者が「ほんと、不思議だね」と言うと、近くにきたもえちゃんが「せんせいあのね、いま、かぜさんも、えほんよみにきたんやって」と話す。
> 　「そうかあ。風さんも見たかったのかなあ。風さんにも見せてあげようね」と伝えると、窓のほうへ行き、「かぜさん、えほんだいじにみてね」と言う。
> 　それを聞いて他の子どもたちも「いいよ～」と口ぐちに言う。
> 　風がページをめくるタイミングも、本当に読んでいるかのようにゆっくりゆっくりだったので、子どもたちは自分の椅子を大きな絵本の前に持ってきて一緒にその様子を見て楽しむ。時折強い風が吹くと「はやいよ～」「まだ、みてないよ～」とまるで友だちのように、見えない風に話しかける。
> 　そして、最後のページが終わると、重さもあってか風が吹いても動かない。すると、
> 　りこちゃん「もう、ぜんぶよんじゃったんやわ」
> 　もえちゃん「かぜさん、どこいったんかなあ。もうかえっちゃったんかなあ」
> 　さとしくん「かぜさん、おかあさんとこかえったんじゃない？」と話しているのを聞いて
> 　子どもたち「ばいばい、またきてね～」
> と窓に向かって手を振っていた。心温まる一場面であった。
>
> 　　　　　　　　　（福井市三谷館保育園2歳児クラスの日誌より。子どもの名前は仮名）

出典：今井和子＋福井市公私立保育園保育研究会著『遊びこそ豊かな学び』ひとなる書房、2013年、58～59頁

2. 旺盛な探索心こそが能動的な学びの原動力①

　子どもが子どもである証しは、「あそびをせんとや生まれけむ」「あそびの天才」であることです。そのあそびの根は、すべて探索活動にあります。自力で歩けるようになると、子どもたちは待ってましたといわんばかりに興味、関心、好奇心など内発的な力によって周囲を探索し、自己実現していきます。

　その意味でも探索活動は、「こんなことができる自分」「こんなことをやっていると楽しい自分」を見いだし、あそび出す力の根を育てる活動だと思っています。保育者だった頃の筆者は、その探索の過程で、子どもたちがどの子も枝切れや棒を手にしたがることに、強い関心をもちました。何で、どこにでも落っこちている何でもないような棒っきれを、宝物のように大事に持ち歩くのか？　「戸外を探索するには、このような棒があると便利よ」などと一度だって教えたことはありません。むしろ「危ないからその棒は先生にちょうだい」と片っぱしから取り上げていたのです。

　ところが子どもたちは、取り上げられても、取り上げられても、どこから

〔事例5-5-2〕

生活に役立つ棒　　2歳児クラス

〈そのⅠ〉　6月　取れない物をたぐり寄せる道具として
　テラスで小さなカラーボールを投げてあそんでいたとき、ボールが物置の下へ入り込んでしまいました。すると、たくや君（2歳4か月）は、うつ伏せになって手を突っ込んでボールを探しました。が、とれませんでした。そこで、自分の部屋へ行って棒（子どもたちのためにいつでも棒を使えるよう室内に置いてある）をとってくると、「ボールどこにあるんだ……」と、独り言をいいながら、さかんに物置の下にその棒を突っ込み手繰りします。長いこと探り続け、やっとボールが出てくると、「あった、あった」と大喜びで保育者に見せに来ました。

〈そのⅡ〉　7月
　たろう君（2歳5か月）とのぞむ君（2歳6か月）のふたりは、保育者が高い棚の上に片づけた空き箱が欲しくなり、いすを持ってきてその上に上がり、手を伸ばしてみたのですが、それでも届かないとわかると、今度は棒を持って来ていすの上に上がり、そこから棒で棚の上の空き箱を落としていました。
　同じ時期、それまで部屋の電気のスイッチは、いつもいすを運んできてつけたり消したりしていたのに、いつの間にか棒が代わってその役を果たすようになっていました。

〈そのⅢ〉　9月　相手を威嚇する道具として
　公園で子どもたちを相手に保育者がおばけになって「うらめしや〜」といいながら追いかけ回してあそんでいたときのこと。
　最初、子どもたちは嬉しいような、本気で怖がっているような奇声を発して逃げ回るだけでしたが、活発なのぞむ君（2歳8か月）が、落ちていた枝を拾って「おばけやっつけてやる」と向かって来たら、ほかの子どもたちも急いで枝を探し「まて、おばけまて」と追いかけて来るので、結局おばけが逃げ回るはめになってしまいました。『棒を手にすればこっちのものだ』といわんばかりに、急に強気になるところがじつに面白いなと内心笑ってしまいました。

かまた見つけて、持ち歩くのです。そこで子どもが拾った棒の先に小さなフェルトの布をかぶせ、たこ糸できつくぐるぐる巻きにし「はい魔法の杖よ」と渡すことにしました。そして「子どもたちがなぜ棒に執着するのか」を追究し、記録をとってみることにしました。

　短い棒を拾うとしゃがみこんで地面をつつき、穴を掘ったり、何か描き始めたりします。長い棒を持つと振り回し、壁やガードレールを叩いて音を楽しんだり地面に線を引いていきます。子どもたちは、棒が自分と外界のかかわりをつくっていく不可欠な道具であることを、いつの間にやら身につけて

いるようです。

　「危ない、危ない」とおとながみんな取り上げてしまうことが、どんなに子どもたちから物を扱う力や知恵をつみとっていくことになるかを、思い知らされました。力の弱い幼児にとって棒は恐ろしいものから自分の身を守る大切なもの、「こんな棒っきれ」などと侮ってはいけなかったのでした。

　そして哺乳動物の中では、最も弱いといわれる人間の赤ちゃんが、2歳やそこらでもう誰にも教わらないのに、自分の身を守る道具として棒を扱う知恵をつけていることに、感嘆せざるを得ません。子どもはあそびながら本当に生きる力を養っているのです。

〔事例5-5-3〕

手から離れて矢になった棒　　1歳児クラス　　10月
園庭でうさぎを放し飼いのようにして飼っていたことがありました。2歳児クラスの子どもたちは、庭に出るとさっそくうさぎを見つけて追い回すのが楽しみのひとつでした。たまたま、その日は用務員さんが切り落とした木の枝がたくさん園庭に散らばっていたので、子どもたちは大喜びでその枝を振り回しながら「みみ（うさぎの名前）、まてーまてー」と追いかけ始めました。その中に、まさとし君（2歳2か月）もいました。彼の両親は聴覚に障害がありました。彼が生まれて1年半の間は、両親が育ててきたのですが、彼にことばの体験を、という理由で入所しました。 　嬉しいことに、まさとし君の耳は聞こえるのでした。入園して6か月たっても、すなわち、まさとし君が2歳になっても、彼は「あーあー」「おーおー」という音声語しか発しませんでした。ほかの子が「みみ、まてーまてー」と棒を振り回して追いかけているとき、まさとし君だけ突然、うさぎに向かって持っていた棒を投げつけました。棒がうさぎに当たらなかったからよかったのですが、私はそのとき、なぜかはっとしました。 〈考察〉 　彼にとって、放った枝は「まてー」ということばに代わるものではなかったか？　何としてもうさぎをつかまえたいという思いを、ほかの子は「まてー」ということばで表していたのですが、まさとし君はそのことばがいえなかったのです。何としてもいいたい、その思いが枝を投げさせたのではないか……と、私は考え込んでしまいました。 　そして、彼が放った枝は、まだことばがなかった狩猟時代の人たちが生み出した"矢"と同じようなものではなかったか。おとなから見ると乱暴な行為は、からだの一部、すなわち、手足の延長であり、自分の要求や感情を十分にことばでいい表せない1、2歳児にとって、心を表現するものでもあったこと。自我が芽生え、人の手を借りずに何でも自分のからだで探ってみたいという、自立の要求が強まるこの時期の子どもにとって、棒は手足の代わりとなって、自分の要求に応答してくれる重要な道具であることを見たように思いました。

探索行為こそ "知りたい" "やってみたい" 意欲や学びの芽②

　探索心が旺盛になり、思いつく限りのいたずらをするようになる1、2歳児クラスの子どもたち。一定の年齢になれば身のまわりの物がどういう目的で、どのような使い方をするものか理解できるようになりますが、そういうことがまだよくわかっていないこの時期の子どもたちが、興味をもった物に対して "これ何？" "触ってみようっと" と手を出し始める行為、それがおとなを困らせる結果になります。おとなはつい「おいたはだめね」「触ったらいけません」という禁止のことばになりがちです。

　そこで筆者は、保護者と一緒にこの時期のいたずらに近い「探索行為」について考えてみたいと、クラス懇談会の折りに「家庭で子どもたちがよくするいたずらをぜひ連絡帳に書いて教え

〔事例5-5-4〕鏡台でのたろうちゃんのいたずら

> （その1）11か月のとき
> 　母親が台所に行った隙に鏡台のクリームを見つけ、顔、手、足と一面にぬりたくってしまいました。運悪くふたがしてなかったのです。その後何回かクリームの瓶を開けようとしましたが、ふたがとれないため諦めたようです。
> （その2）13か月のとき
> 　鏡台のいすに座って、台の上に置いてあったクリームや化粧水の瓶を全部下に落とすことに興味をもち、母親が「だめよ」ときつくしかると、ますます嬉しそうに落としては拾い、キャッキャッと喜びながらこの行為を繰り返していました。いわれていることがわかっていないのでしょうか。
> （その3）15か月のとき
> 　鏡台のいすに座って、鏡を見ながら顔や頭にクリームをつけるふりだけ楽しんでいました。ブラシを持つと、その背を頭にこすりつけてニコッと笑いうなずきます。「さあこれでいいわ」という私のしぐさの細かいところまでまねしているので、思わず感心してしまいました。
> （その4）17か月のとき
> 　鏡台のクリームの瓶を大きいものから順に積み上げ、3つが倒れないで立っているのが嬉しかったのか「たあたん、たあたん」と母親を呼びに来ました。私が「たかいたかいしたね」と一緒に手を叩くと何度も瓶をとっては積み、喜んでいました。

＜保育者の考察＞

①一見いたずらと解釈されがちな行為も、時系列に追って観てみるとじつにさまざまな育ちがあることがわかります。お家でたろうちゃんのいたずらに近い行為に、1歳児らしい育ちがあることを母親の記述によって知ることができました。始めは大好きな母親が、いつも機嫌よく座る鏡台にある物に興味をもち、同じようにやってみようとクリームを触るところから彼の探索が始まったのですが、クリームを手足に塗りつける行為は卒業し、15か月のときは、それをやっているつもり（ふり行為）を楽しむようになったわけです。

②13か月のとき、母親に「だめよ」と禁止されると喜んでまた繰り返すたろうちゃんの行為は、自分がすることに対して、母親が期待通りやってきてしかる、すなわち母親の反応を媒介として自分の行為の意味や、因果関係（こうするとこうなる）を認知していく、母親と子どもの追いかけっこ的なやりとりを中心とした行為として彼はとらえたのではないでしょうか。しかし、母親に繰り返し厳しく注意されるうちに、やがて自分自身で「めっ」といいながらそのことばの意味をとらえ、自分の行為を制御していく力を獲得していきました。

③事例が示した通り、自分の大好きな人（母親）に対する関心が強くあり、その人の行為をじっと見つめ、イメージを蓄えていくと、子どもは自分がそのイメージの主人公になりきって行為するようになります。それこそ模倣です。子どもの模倣行為を理解することによって各々の子どもたちの、今現在の憧れや興味、願いの対象は誰なのか？　何なのか？　をつかむことができます。そして、保育者や親がその子どもの行為の喜びを共にすることで、自分の表しが確かに人に伝わるという「表現すること」の喜びをも感じ取っていくのではないでしょうか。

第5章　実践記録を書き、実践研究に取り組む　133

てください」とお願いし、この時期の子どもたちのいたずらを、おとなはどう理解し、対応することが望ましいかを話し合ってみました。133頁の〔事例5-5-4〕、134頁の〔事例5-5-5〕は保護者が連絡帳に書いてくれたものです。

　ここで紹介した事例は、紙面の都合上ほんの一部ですが、保護者に家庭でのいたずらを記述してもらいわかったことは、子どもたちは、おとなを困らせてやろうと意図的にいたずらをするのではなく、内的な求め、興味や好奇心から発動し、自分のなかに育まれてきた力を試そうと心を躍らせながら学びとっている姿だったのではないかと

いうことでした。また、保育園よりも家庭のほうが活発にいたずらをしているということもわかりました。このことについてはまた分析をしてみたいと思っています。

　また、いたずらっ子というのは、好奇心や探索心、それにエネルギーがとても旺盛であること、したがってこの時期の子どもの探索行為（いたずら）を保護者と一緒に理解し、観ていくことで、その活力を伸ばしていく対応ができるようになるのだと思います。だからいたずらをする子より、むしろしない子に注目していかなければならないのではないかと、新しい課題が生まれました。

〔事例5-5-5〕かおりちゃん（2歳3か月）の連絡帳より

　かおりは、絆創膏（ばんそうこう）が好きで、私が夕食の支度をしている間にいすを台にして棚の上の救急箱を取り、そこから絆創膏を取り出して、みんな袋を破りはがしとっていました。そして2〜3枚自分の足にくっつけていました。救急箱は危ないので、ひとりではけっして開けないように厳しく伝えると「うんうん」と承知したようすでした。
　団地の2階のベランダから自分の靴をポイポイ落としたときは、買い物に出かける際「靴を落っことしてしまい履くものがないから、かおちゃんは買い物に行けないよ」といって困らせてやりました。パパとお留守番でしたが、その後はもう物を落とすようなことはしなくなりました。

＜保育者の考察＞
　幼い子どもたちは、自らの行動によっていろいろなことを学びとっていきます。かおりちゃんのようにやっていいこと、いけないことは、その結果を被ることによって、あるいは失敗の体験を通してわかっていきます。おとなが日ごろ発する「だめ」「いけません」は、子どもを一時的に抑える効果はあっても、時間がたてばすぐ効きめがなくなってしまいます。人のいうことを聞ける子どもになっていくには、いたずらをされると人がどんなに困るかということを訴えること、そのとき、その場面で、たとえば「絆創膏が欲しかったの？」とその子の求めを理解しつつ、どうすればよかったのか、すなわち「高いところにあるものは危ないからひとりでは取らないでね。お母さんに取ってっていうのよ」と具体的に伝える必要があります。かおりちゃんのお母さんの、先を見通した対応の見事さにみんな感心してしまいました。

3. ユーモアの天才
笑い合えるのは人間だけ？①

昔から「よく泣く子どもほどよく笑う子に育つ」といいますが、生後4〜5か月頃になると乳児は、嬉しいとき、楽しいときはキャッキャッと声を立てて笑い、一緒にいるおとなや子どもたちに幸せをふりまいてくれるようになります。そして5〜6か月頃には、自分を喜ばせてくれるだけでは物足りないのか、あなたも一緒に喜んで！　と求めるようになります。すなわち、人と一緒に笑い合うことこそ本当の楽しみ、喜びであることを知り始めるのだと思います。フランスの心理学者アンリ・ワロンはこれを「人間的な情緒発達の起源」といっています。乳児は人と心を通わせ、響き合わせたいと生まれてくるのでしょう。

筆者が初めて保育者になった今からもう40数年も前のことですが、生後8か月〜2歳までの混合クラスを受け持ちました。子どもたちが日ごろあまりによく笑うので「何がおかしいの？」「何を笑ってるの？」が、口癖になるほどでした。ときに心が落ち込んでも、そんな子どもたちの笑いに救われ、癒されることもたびたびでした。「あなたがいてくれて嬉しい」という存在の肯定が「自分は大切にされている」という自尊感情を育み、笑うことで自分が生きている喜びを表現していたように思います。その意味で「笑いは人と人との心の通い合いの豊かさを知るバロメーター」だと思っていました。

とにかく、子どもはじつによく笑うものだという印象を強くもったわけです。幼児になると、今ある楽しさをもっと増幅しようと、ふざけたりおどけたり、ふっと飛び出すことばの面白さに笑い転げたり……。子どもは笑ったり、笑わせたりすることが大好きなユーモアの天才であり、また、それを子ども自身は意識していないところが一層愉快でした。

子どもの笑いが
少なくなった？②

ところが20数年後、保育園を退職し、園内研修や実習の巡回などで、保育現場を見学して驚いたことは、子どもたちも保育者もあまり笑っていないことでした。

そこで、「子どもの笑いが少なくなったのではないか？」という疑問を抱き「子どもの笑いと自我の育ち」というテーマで、全国の保育園の3歳未満児3000人を調べるアンケートを行いました。その結果、笑顔はあっても声を出して笑わない子、あやしたり、はしゃぐあそびなどをしてもあまり笑わない子がいる（6%）ということがわかりました。

「あなたが笑えば私も笑う」。笑いは伝染病です。おとなの生活から笑いが減り、子育てにゆとりがなくなり子どもの笑いが減少しているのではないか？　このことは子どもたちの自己肯定感の育ちやコミュニケーション力の欠如にも関係します。まさに子ども性

の喪失といえるのではないでしょうか。

　そこで、かつて、私が記録した子どものことばから、子どものもつ愉快な世界を感じ取ってみたいと考えました。

　皆さんもぜひ子どもとの生活の楽しさ、面白さを記録し、保護者と共有し合ってください。

〔事例5-5-6〕共に笑い、共に響き合う愉快な子どもたちのことばの記録より

Ⅰ　"たいへん。ぼく、おちちうえになっちゃった"

　4歳のただし君が、お風呂場で母親に長くなった前髪を切ってもらっていました。切った髪がおちんちんの上にポトッ！　それを見たただし君、びっくりして叫びました。「おかあさん、たいへん。ぼく、おちちうえになっちゃった！」
＜考察＞　お父上などということばをどこで聞いたのでしょうか。とっさに、お父さんではなくお父上なんてことばが飛び出してくるただし君。おふざけの表現が豊かですね。子どもはやっぱりユーモアの天才だと思いました。

Ⅱ　"赤ちゃんのときナメクジだったの"

　4歳ののりこちゃん、朝の登園時に笑いながら「せんせい、のりこ、赤ちゃんのときナメクジだったの」といいました。私が「そんなことはないでしょう、それは何かの間違いだと思うよ」と話したのですが、「ううん、おかあさんがそういったの」と信じ込んでいます。夕方お迎えの時間に母親に聞いてみると、母親は大笑い。「そんなこといったんですか。じつは、私が朝ご飯の支度をしていたら、のりこが赤ちゃんのときのアルバムを見ていたので、『のりこは赤ちゃんのとき、未熟児だったのよ』っていったんです！」
＜考察＞　4歳の本児には、まだ"未熟児"ということばの理解ができず、とっさに思い浮かべたのが、ナメクジだったのでしょう。母親のいうことに疑問をもたず信じ込んでしまうところが愉快です。4歳頃になると、知らないことばの意味を質問することが多くなりますが、何となく音声を聞きかじって自分なりに思い込んでしまうようです。ことばの音をイメージに置き換え理解しようとする4歳児らしい姿です。

Ⅲ　"人生には痛いこともあるんだ"

　6歳のとうた君。園庭の木の根っこにつまずいて転んでしまいました。膝下が青あざになり本当に痛そうだったので、私が「とうた君大丈夫？」と心配して聞くと、泣きたいのをこらえながら「人生には痛いこともあるんだ……」。
＜考察＞　本児の連絡帳に「最近いろんなことばをやたらに使い、おとなぶっていることが愉快です。"いちおう……""じつは……""くれぐれもよろしくね"などまるで間違った場面でも使うので"それはこういうとき使うのよ"と教えるといかにも不本意だという顔をします」。意味がよくわかっていなくてもおとなが使うことばを盛んに使う時期です。使いながらだんだんその場面、状況にあった言い方ができるようになっていくのです。『早くおとなになりたいぼく』の表れなのでしょうね。

4. あそびに夢中になれること

　子どもたちは、もっている力を最大限発揮し活動したとき、強くなり成長するのだと観てきました。木工や竹のぼり、固いだんご作りなど、今自分のしたいことに打ち込んでいるとき目が輝きます。そして自分のめあてをやり遂げると、さわやかな顔で「ヤッター」と自己充足し、自分が力をもっている

と実感するのではないでしょうか。

　夢中になっているときこそ、自分が自分でいられる、あそびながらからだも心も開放し、本来の自分を表すのだと観てきました。夢中であそびながら自分らしさを積み上げていくのでしょう。子どもが自分らしさ、すなわち個性を発揮するようになる始まりは、「好きなことに熱中することなんだ」と教えてもらったように思います。

　〔事例5-5-7〕で紹介したよっちゃんが、長じて園医さんになるために進学し、「間もなく卒業です」という手紙をくれたとき、私は「子どもの興味は、その子を育てる光」だと納得しました。

子どもの興味におとなが共感し、行為を肯定することによって、子どもは自分の内なる求めに従って行動することが、価値をもった行動になっていくことを実感できたのだと思います。

　「人間の魂は、好きなことのなかにある」。私の大好きなゴーリキーのことばです。夢中になるあそびのなかで子どもたちの内面が輝いていく。その子どものなかの輝きを発見していくことが、おとなの役割であるのかもしれません。

　「子ども性とは何か？」それは「好きなことに夢中になれること」なのではないでしょうか。

〔事例5-5-7〕自分の好きなことのなかに自分を育てる力がある、それがあそび

　よっちゃん（2歳5か月）は、散歩に行くときはいつも道端の枝を拾って、なぜか犬の糞をつつくのが楽しみのようでした。みんなは「くしゃい、くしゃい」「いやだね」といいながらよけて通るので、自分がそれを退治する？　のだといわんばかりに自慢げにつつきまわすのです。初めは「やめてね」と枝を取り上げていたのですが、取り上げられても、取り上げられても、またどこからか枝を拾ってきてつつくので、とうとう私はあきらめてシャベルをもって散歩に行くことにしました。もちろん彼がしたことの後始末をするためです。

　あるとき公園で見つけた犬の糞が、枝で触ったその拍子にコロコロっと転がったのです。すると彼は驚いて「コロコロうんち、しぇんしぇ、コロコロうんち」と叫びました。いうまでもなくそれは太陽の熱で乾ききっていたのです。次の散歩から、よっちゃんの糞を見る目が一段と輝いてきました。糞をつつく行為から、それがコロコロと転がる固い糞であるかどうかを見出すことに彼の興味が移ったのです。そして数日後には見ただけで（すなわち、枝で転がしてみるという行為は省略して）「これコロコロ」「これコロコロじゃない」と判別できるようになっていました。

　自分の興味あることを繰り返すことによって「こうしたらこうなるはず……」という予測が生じ、それを確かめることが次のより興味深い活動になり、やがて「やっぱりそうだった」という確認の喜びになっていきます。好きな活動をたくさん繰り返し経験することによって、「また明日もやるんだ」というめあてが生まれていきます。

　よっちゃんは、4〜5歳の頃には、みんなが嫌がる臭いうさぎ小屋に入っていって、糞の始末などをそれはよくやってくれました。「きょうのウンチはベトベトだよ。野菜が多すぎるんだ」「ウンチは元気なしるし」など、糞からウサギの健康状態を推測する力を獲得したようです。それで「よっちゃんはうんち博士」と、友だちに一目置かれるようになりました。

5. 子どもは鋭い直観力で真実を手づかみにする。が、不可解なところ大

　20数年間保育園で子どもたちと一緒に暮らしてきた私は、子どもたちの感性の鋭さ、思いの深さに感嘆してきました。

　夜空にくっきり浮かんだ満月を見て「おつきちゃん、まるまるだねえ、だれちゅくったの？」と質問したともこちゃん（2歳）。

　赤ちゃんにおっぱいをあげている母親の絵を見ながら「この世でいっとう最初に生れた人は誰からおっぱい飲ませてもらったの？」とつぶやいたかなちゃん（5歳）。宇宙の神秘や人間の起源に迫るような質問でした。

　残暑の厳しい9月、テラスで食事をしていたとき、ギラギラ照りつける太陽をにらみながら「広島の人はもっともっと熱かったんだよね」といったゆたかくん（5歳）。8月6日に読んでもらった『おこりじぞう』の絵本を思い出していっていました。

　「子どもはその幼い時期に、総合的に鋭く人生を直観する力を持っている」と周郷博先生（詩人、教育者）がかつて話してくださったことを忘れることがありません。子どもたちは日ごろ、どれくらいたくさんのことを感じ取っていることか、はかりしれません。混沌としてとらえがたいよくわからない世界を抱きながら、思わずふっとわき出てくるもの、それを表現しようとしてもわかってもらえなかった

り、表現できずに心の奥にたたみ込んでいく……。そんなことが多々あるのでしょう。おとなもそうですが、やはり子どもの心はなかなか読み取れないことが多く、「何で今、そんなこと思ったの？」と首をかしげることばかりです。

　私は最近、なぜか幼いころ、よく父が話してくれた良寛さんのことを思い出します。長い間ずっと忘れていた良寛さんが、高齢になった今ごろよみがえってきたのです。何で60年も経た今になって？　それは自分でもよくわからないのですが、勤めていた大学を退職し、この先どうしようか思い悩んでいたとき、私の心の深いところで眠っていた良寛さんが目覚め、また私に語りかけてくれたようです。懐かしくって、切なくって、居ても立っても居られない思いで良寛さんの本を読みました。

　良寛さんといえば子どもたちとあそんで暮らすときを、今、自分が生きている、自分らしく生きている瞬間ととらえ、ときを忘れてあそびふけったというたくさんの逸話があります。よくわかりませんが、幼いころ、父から聞き、自分の理想像として幼いながら想い描いていた良寛さんを子ども心にしっかり焼きつけていたのかもしれません。子どものころ思ったこと、いっぱい感じたことが今になって想起されるなど……私自身も子ども心の不思議をしみじみ味わっています。

　子どものころ養われた「子ども性」は、人間を人間らしくよみがえらせる

力をもっているのかもしれません。子どもを知ることが自分を知ることにつながらなかったら、保育の面白さは得られないかもしれません。子どもを知ることが自分を知ることにつながったときこそ、保育の本当の面白さに転じるといえるのかもしれません。

おわりに

　5年間の連載を支えてくださった読者の皆さまに心より御礼申しあげます。

　私の拙い文章を誠心誠意読み取っていただき、たくさんの励ましのメッセージをいただけたこと、それが私にとって書き続ける力になりました。

　「保育士のための書き方講座をいつも園内研修に使っています」「何を書いたらいいのか、日誌を書くときとても悩んでいたのですが、一番書きたいと感じたところを書くようにしたら、書くことが苦でなくなってきました」「これまでの私の連絡帳は、誰にでもあてはまる書き方だったと気づき、以後その子ならではのエピソードを書くようにしたら、保護者にも喜んでもらえて、保護者の書き方まで変わってきたんですよ」「普段から自分の思いや考え、気持ちを仲間と語り合うようにしたら、日誌や連絡帳を早く書きたいという気持ちになってきました」「書くことがよく観ることだということ、とても実感できました」など研修の折などに知らないかたからも声をかけていただき、本当に嬉しかったです。

　連載原稿を書くに当たっていつも自分に言い聞かせてきたこと、それは「伝えたいことを伝えるには、独りよがりにならないようにすること」です。そのためには自分のなかに「もうひとりの自分」を育てていくことが求められます。書きながら「そう決めてかかってしまっていいのかな？」と突っ込みを入れるもうひとりの自分を意識化することでした。そのもうひとりの自分は、園長（あるいは主任）が書いてくれたコメントが内面化されたものだったり、書いたあとあらためて読み直すことで生じた気づきや疑問などでした。すなわち、書いたものを読み返したり、人に読んでもらったりすることが自分で書いたものを客観視し、突っ込みを入れる力を養っていくということがわかりました。

　さて、私が最近読んだ本『魯迅の言葉』（平凡社　2011年）の中に「人々は忘れることができるから、受けた苦しみから次第に逃れられ、またそれゆえに、あいも変わらず先人の過ちを型どおりに繰り返すのです」（66〜67頁）ということばが胸に突き刺さりました。人間にとって忘れられるということは大事な能力であるけれども、先人の過ちを繰り返すようでは人間らしからぬこととなります。質の高い保育が人から人へ、伝えられ積み上げられていくためには、子どもたちから学んだことや保育の醍醐味、保育に行きづまったときどのように乗り越えてきたかをしっかり記録し、残していかなければなりません。先人の過ちを再び繰り返すようでは、これから育っていこうとする子どもたちに本当に申し訳ないことになります。保育者としてぜひとも伝えておきたいことをこれからもしっかり記録し、子どもたちに届けていきたいと思います。

　5年間私の癖のある文章を、誰にも読みやすく校正し支えてくださった『保育の友』の小嶋様、宗方様、ありがとうございました。おふたりのお力添えがあればこそ1冊の本に甦ることができました。感謝の気持ちでいっぱいです。

【参考文献】

本田和子著 『それでも子どもは減っていく』筑摩書房、2009 年

辰濃和男著 『文章のみがき方』 岩波新書、2007 年

河邉貴子、柴崎正行、戸田雅美著 『実践者のための保育研究ハンドブック』生活ジャーナル、1999 年

今井和子著 『遊びこそ豊かな学び』ひとなる書房、2013 年

今井和子著 『自我の育ちと探索活動』ひとなる書房、1990 年

今井和子編著 『保育を変える記録の書き方 評価のしかた』ひとなる書房、2009 年

《著者紹介》

今井　和子（いまい　かずこ）

元立教女学院短期大学教授。子どもとことば研究会代表。

世田谷区と川崎市の公立保育園に23年間勤務し、その後、十文字学園女子短期大学、お茶の水女子大学

非常勤講師、東京成徳大学子ども学部教授、立教女学院短期大学教授を歴任。

主な著書　『子どもとことばの世界』（ミネルヴァ書房）

　　　　　　『遊びこそ豊かな学び』（ひとなる書房）

　　　　　　『０・１・２歳児の心の育ちと保育』（小学館）

　　　　　　『主任保育士・副園長・リーダーに求められる役割と実践的スキル』（ミネルヴァ書房）

　　　　　　『集団っていいな―一人ひとりのみんなが育ち合う社会を創る―』（ミネルヴァ書房）

　　　　　　他多数

保育士のための書き方講座

発　行	2016年 7 月 7 日　初版第1刷発行
	2020年11月 5 日　初版第4刷発行
定　価	本体 1500円（税別）
著　者	今井　和子
発行者	笹尾　勝
発行所	社会福祉法人全国社会福祉協議会
	〒100-8980　東京都千代田区霞が関3-3-2 新霞が関ビル
	電話 03-3581-9511　FAX 03-3581-4666
	振替 00160-5-38440
印刷所	三報社印刷（株）

ISBN978-4-7935-1210-0　C2036　￥1500E

禁複製

表紙写真・章扉写真　川内松男　　デザイン　ササンカンパニー